高等职业教育新能源汽车类专业教材

新能源汽车
动力蓄电池及管理技术

山长军　曹元勋◎主　编

宋庆瑶　王景海◎副主编

孙志刚◎主　审

人民交通出版社股份有限公司

北　京

内 容 提 要

本书是高等职业教育新能源汽车类专业教材。全书包括 4 个项目、11 个任务,主要介绍了电池的认知与检测、高压电池包的认知与拆装、充电系统的认知与检测、电池管理系统的认知与检测。

本书可作为职业院校新能源汽车技术、新能源汽车检测与维修技术等专业的教学用书,也可作为新能源汽车维修专业培训用书和相关技术人员的参考书。

图书在版编目(CIP)数据

新能源汽车动力蓄电池及管理技术/山长军,曹元勋主编. —北京:人民交通出版社股份有限公司,2023.9

ISBN 978-7-114-18921-0

Ⅰ.①新… Ⅱ.①山…②曹… Ⅲ.①新能源—汽车—蓄电池—高等职业教育—教材 Ⅳ.①U469.703

中国国家版本馆 CIP 数据核字(2023)第 145518 号

书　　名:新能源汽车动力蓄电池及管理技术
著 作 者:山长军　曹元勋
责任编辑:张一梅
责任校对:赵媛媛　魏佳宁
责任印制:张　凯
出版发行:人民交通出版社股份有限公司
地　　址:(100011)北京市朝阳区安定门外外馆斜街 3 号
网　　址:http://www.ccpcl.com.cn
销售电话:(010)59757973
总 经 销:人民交通出版社股份有限公司发行部
经　　销:各地新华书店
印　　刷:北京市密东印刷有限公司
开　　本:787×1092　1/16
印　　张:11.25
字　　数:253 千
版　　次:2023 年 9 月　第 1 版
印　　次:2023 年 9 月　第 1 次印刷
书　　号:ISBN 978-7-114-18921-0
定　　价:35.00 元
(有印刷、装订质量问题的图书,由本公司负责调换)

编委会

前言

随着新一轮科技革命和产业变革深入推进,汽车与能源、交通、信息通信等领域加速融合,汽车的电动化、网联化、智能化成为汽车产业发展的主流和趋势。为了对接汽车产业发展新趋势,满足新能源汽车领域高质量发展对高素质技术技能人才的需求,推动职业教育专业升级和数字化改造,提高人才培养质量,吉林电子信息职业技术学院、吉林工业职业技术学院、吉林铁道职业技术学院、吉林科技职业技术学院、江西交通职业技术学院共同编写了高等职业教育新能源汽车技术专业理实一体化教材。

本套教材编写深入贯彻落实党的二十大对教材建设与管理作出的新部署新要求,遵循知识和技能并重的改革方向,根据高等职业教育的特点以及高职高专院校学生的学习情况进行编写,具有以下特点:

(1)教材编写依据特定的工作任务,选取适度够用的理论知识,以学生的操作技能和职业素养培养为核心,围绕典型工作任务设计教学项目,突出知识的实用性、综合性和先进性。教材内容设置以学生为中心,由浅及深、循序渐进,每本教材均配有"任务工单",实现了理论实践一体化。

(2)教材融入了丰富的课程思政元素、党的二十大精神内容,选取国产汽车品牌进行讲解,培养学生的民族品牌意识,增强对民族品牌汽车的自信度,体现立德树人教育目标,实现思想政治教育与技术技能培养的有机统一。

(3)教材编写过程中广泛联系行业企业,深入了解行业企业对本专业人才的实际需求,由相关企业提供了配套的教学资源和技术支持,行业企业人员深度参与教材编写与开发。

(4)教材配套了丰富的教学资源,教材的知识点以二维码链接动画、视频资源,所有教材配有课件、习题及答案等,满足学生个性化学习的需求,提升教材使用体验。

《新能源汽车动力蓄电池及管理技术》围绕现场典型工作任务共设计4个教学项目,每个项目设计2~4个工作任务,在实施过程中以学生亲历完整工作过程为原则,使学生完成新能源汽车单体电池、高压电池包、充电系统和电池管理系统等的认知、拆装和检测。本书注重培养学生在职业生涯中的专业能力、方法能力和社会能力。强化收集、分析和组织拆装和检测新能源汽车动力蓄电池相关工作所需信息的能力;强化依照检修标准作业,优化拆装和检测工作流程,协调配合工作的能力;强化工作中自我控制、自我管理及开展有效工作评价的能力;强化团队精神、职业道德、安全环保意识、质量和服务意识。本书语言精练、图文并茂,易学易懂易用;内容翔实,保持了拆装和检测动力蓄电池作业相关知识技能的系统性与完整性。

本书由吉林工业职业技术学院山长军、曹元勋任主编,宋庆瑶、王景海任副主编,吉林铁道职业技术学院孙志刚任主审。本书编写分工为:山长军编写项目二并负责全书统稿;曹元勋编写项目一,并负责视频资源制作;宋庆瑶编写项目三及课程思政内容;王景海编写项目四及习题。

作者在本书编写过程中查阅了大量书籍、文献和资料,引用了一些网络相关资源,广泛参考借鉴了国内外新能源汽车方面的研究成果,得到了长春康嘉教学设备有限公司和深圳霖汉科技发展有限公司的帮助和支持,在此一并向其表示感谢。

由于作者水平有限,书中难免有疏漏之处,敬请业内专家和广大读者批评指正。

作　者
2023 年 6 月

目录

电池的认知与检测

知识目标

(1)能够叙述常见电池的类型及工作原理;

(2)熟悉单体电池性能参数定义;

(3)能够叙述单体电池的充放电方法。

技能目标

(1)能够识别常见单体电池;

(2)能够完成单体电池的安装和性能检测;

(3)能够完成单体电池的内阻和电压检测。

素质目标

(1)能够遵守安全作业要求、注重安全防护;

(2)能够执行检修规范,养成严谨科学的工作态度;

(3)能够正确地检查工作结果并进行自我评估。

▶▶学时:16 学时

任务1 常见电池的认知

任务描述

一位客户来到4S店想要购买一台荣威 Ei5 纯电动轿车,询问该款汽车的动力蓄电池是什么类型的。请你为客户介绍一下常见电池的基本知识。

一、知识准备

(一)电池的发明

1800 年,亚历山大·伏特制成了人类历史上最早的电池,后人称之为伏特电池。

1830 年,威廉姆·斯特金解决了伏特电池的弱电流和极化问题,使电池的使用寿命大大延长。

1836 年,约翰·丹尼尔进一步改进了伏特电池,提高了伏特电池的稳定性,后人称之为丹尼尔电池,它是第一个可长时间持续供电的蓄电池。

1859 年,法国科学家普兰特·加斯东(Plant Gaston)发明了一种能够产生较大电流的可重复充电的铅酸电池。

1899 年,WaldmarJungner 发明了 Cd-Ni 电池。

1901 年,爱迪生发明了 Fe-Ni 电池。

1984 年,荷兰的飞利浦(Philips)公司成功研制出 $LaNi_5$ 储氢合金,并制备出 MH-Ni 电池。

1991 年,可充电的锂离子蓄电池问世,实验室制成的第一只 18650 型锂离子电池容量仅为 $600mA \cdot h$。

1992 年,索尼(Sony)公司开始大规模生产民用锂离子电池。

1995 年,日本索尼公司首先研制出 $100A \cdot h$ 锂离子动力蓄电池并在电动汽车应用,展示了锂离子电池作为电动汽车用动力蓄电池的优越性能,引起了广泛关注。

动力蓄电池作为电动汽车的主要能量来源,其技术历经了多次材料体系的变迁。每一次动力电池材料体系的变化都会带来电动汽车的一次发展高潮。最早的铅酸电池技术发展带来了 20 世纪初第一次电动汽车研发和应用高潮。20 世纪 80 年代,镍氢电池技术的突破带来了混合动力电动汽车的产业化。20 世纪 90 年代才出现的锂离子动力蓄电池开启了现在以纯电动驱动为主的电动汽车研发和示范应用新纪元。

(二)电池的分类

蓄电池可根据电解液的种类、正负极材料、工作原理不同进行分类。

1. 按电解液的种类分类

(1)碱性电池。碱性电池的电解质主要以氢氧化钾水溶液为主,如碱性锌锰电池(俗称碱锰电池或碱性电池)、镉镍电池、镍氢电池等。

(2)酸性电池。酸性电池主要以硫酸水溶液为介质,如铅酸蓄电池等。

(3)中性电池。中性电池以盐溶液为介质,如锌锰干电池、海水电池等。

(4)有机电解液电池。有机电解液电池主要以有机溶剂为介质,如锂离子电池等。

2. 按电池所用的正负极材料分类

(1)锌系列电池,如锌锰电池、锌银电池等。

（2）镍系列电池，如镍镉电池、镍氢电池等。

（3）铅系列电池，如铅酸电池。

（4）锂系列电池，如锂离子电池、锂聚合物电池和锂硫电池。

（5）二氧化锰系列电池，如锌锰电池、碱锰电池等。

（6）空气（氧气）系列电池，如锌空气电池、铝空气电池等。

3. 按电池的工作原理分类

（1）物理电池，是指依靠物理变化来提供、储存电能的电池，如超级电容、飞轮电池等。

（2）化学电池，是指能将化学能直接转变为电能的电池，如铅酸电池、镍氢电池、锂离子电池等。

（3）生物电池，是指利用生物（如生物酶、微生物或叶绿素等）分解反应过程中表现出的带电现象所进行的能量交换来制成的电池，如酶电池、微生物电池等。

（三）电池的结构、工作原理及应用

电池的种类虽然很多，但适合为新能源汽车提供动力来源的电池却不多，所以本任务主要学习目前在新能源汽车上广泛使用的动力蓄电池的结构及其工作原理。

1. 铅酸电池

铅酸电池的发明距今已有150多年，目前在所有化学电池中，铅酸电池生产规模最大，单就作为启动蓄电池而言，铅酸电池在全世界年产量达10亿个之多。作为发展历史最悠久的动力蓄电池，铅酸电池技术成熟、性能可靠、成本低廉、维护方便，在储能电源、启动电源、车载电源等领域得到了广泛应用。

（1）铅酸电池的类型。

根据铅酸电池在汽车中的作用，可将其分为三种类型：启动式铅酸电池、牵引式铅酸电池和固定式铅酸电池。这三类铅酸电池的性能差异见表1-1。启动式铅酸电池不能深度充放电，不可用于电动汽车的主电源，一般仅作为低压辅助电源使用；牵引式铅酸电池容量相对较大，可深度充放电，比能量较高，可用于电动汽车主动力电源；固定式铅酸电池虽然容量可以做到很大，但是比能量较低，体积和质量很大，不适合车用，一般仅用于不间断电源等位置相对固定的场合。

三类铅酸电池的性能差异   表1-1

类型	容量（A·h）	正极板	负极板	特点
启动式铅酸电池	5～200	涂膏式	涂膏式	比功率高、比能量高
牵引式铅酸电池	40～1200	管状	涂膏式	可深度放电
固定式铅酸电池	40～5000	板状	涂膏式	比能量较低、自放电率小

（2）铅酸电池的结构。

一个正极板和一个负极板组合成极板组，在正、负极板中间插入一隔板，加入一定浓度的稀硫酸溶液作为电解液，这样便组成了一个单格电池。由于单格电池电量有限，实际上铅酸电池都是由多个单格电池组成的。

图 1-1 所示为 6V 铅酸电池的结构。它由三个相同的单格电池组成,每个单格电池的电压为 2V,用电极连接条把 3 个单格串联起来,便组成了一个 6V 铅酸电池。

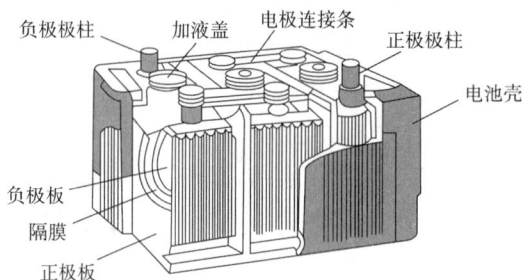

图 1-1　铅酸电池的结构

（3）铅酸电池的工作原理。

铅酸电池工作时会完成充、放电两个过程中化学能和电能的相互转化。电池放电时化学能转化为电能,充电时电能转化为化学能,在这两个变换过程中,正、负极板上的活性物质发生氧化还原反应,产生电子得失,如图 1-2 所示。

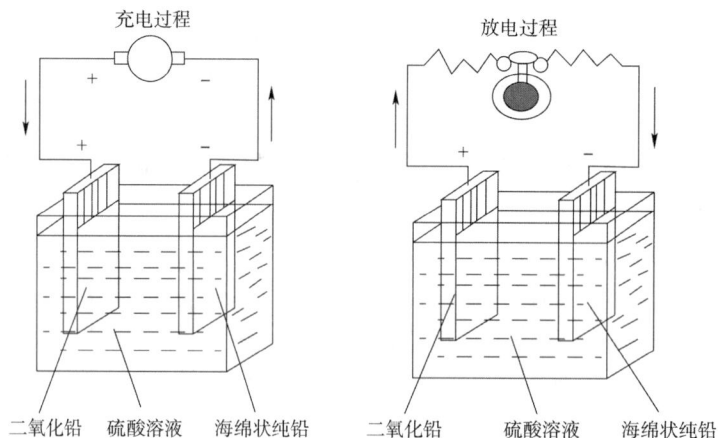

图 1-2　铅酸电池的工作原理

充电时,直流电源的正、负极分别与电池的正、负极连接,充电电源的电压略高于电池的额定电压,在电场的作用下,电流从电池的正极流入,负极流出。正、负极板上的 $PbSO_4$ 分别还原成 PbO_2 和 Pb,电解液中的水逐渐还原为 H_2SO_4。

放电时,正极上的 PbO_2 和负极上的 Pb 分别与电解质 H_2SO_4 溶液发生氧化反应生成 $PbSO_4$ 附着在正、负极板上。随着连续的放电,氧化反应不断进行,H_2SO_4 溶液浓度逐渐降低,最后都变成 $PbSO_4$ 和水。

（4）铅酸电池的特点。

①铅酸电池的单格电池标称电压为 2.0V,在常用蓄电池中,其使用量仅次于锂离子电池。

②高倍率放电性能良好,更适用于发动机起动。

③高低温性能良好,可在 $-40 \sim 60℃$ 条件下工作,电能效率高达 60%。

④没有"记忆"效应,易于识别荷电状态。可制作各种尺寸和结构的蓄电池,价格低廉。

⑤充电时间长,比能量低,一次充电行驶里程短。

⑥环保性能差,存在重金属铅的污染。

⑦使用寿命短,使用成本高。

(5)铅酸电池的应用。

铅酸电池自发明以来,被广泛应用于人类生产和生活的各个方面。作为启动、点火照明用电池,主要应用于汽车、摩托车、内燃机车和电力机车;作为工业用铅酸电池,主要应用于邮电、通信、发电厂和变电所开关控制设备以及计算机备用电源等;作为动力蓄电池,主要应用于电动汽车、高尔夫车、电动叉车等。

①电动自行车。

在我国,电动自行车应用密封式阀控铅酸(VRLA)电池已经有十多年了,如图1-3所示,目前该类电池的制造技术和产品质量都有了很大的提高。

a) 电动摩托车　　　　　　　　　　　　　b) 电动自行车

图1-3　采用 VRLA 电池的电动摩托车和自行车

②电动牵引车。

电动牵引车是制造工厂、物流中心等搬运产品的常用运输工具,主要采用高液管式铅酸电池或胶体 VRLA 电池作为动力电源,具有无污染、无噪声的优点,尤其是在需要举升重物时,铅酸动力蓄电池还可以起到配重的作用。

③纯电动乘用车。

采用铅酸动力蓄电池作为动力来源的纯电动乘用车,其典型代表是 1996 年美国通用汽车公司制造的 EV-1,如图 1-4 所示。EV-1 的最高车速为 100km/h,一次充电的续驶里程为 193km,电池质量 500kg,售价约 4 万美元。1999 年,通用汽车公司还推出了第二代 EV-1。

图1-4　通用 EV-1 电动汽车

2. 锂离子电池

通常所说的锂电池,一般包括锂原子电池和锂离子电池。锂原子电池也称锂金属电池,以二氧化锰为正极材料,金属锂或其合金为负极材料,在外电路接通后,负极金属锂放出电子,与正极二氧化锰结合形成锰酸锂。但它不能通过充电将锰酸锂变回金属,负极金属全用光了,电池就报废了,因此称它为原电池,不能反复充、放电。

锂离子电池是蓄电池,可以进行多次充放电使用,它主要依靠锂离子在正负电极间的往返嵌入脱嵌来完成电池的充电和放电过程。自20世纪90年代锂离子电池面世以来,就以其能量密度高、循环寿命长、无记忆效应、环境友好等优点成为动力蓄电池应用领域研究的热点。近年来,锂离子电池已经成为电动汽车用动力蓄电池的主体。通常应用最多的锂离子动力电池主要有磷酸铁锂电池、锰酸锂电池、钴酸锂电池以及三元锂电池。

(1)锂离子电池组成结构。

锂离子电池基本都由电池正极、负极、隔膜(隔板)、电解液和安全阀等组成,如图1-5所示。

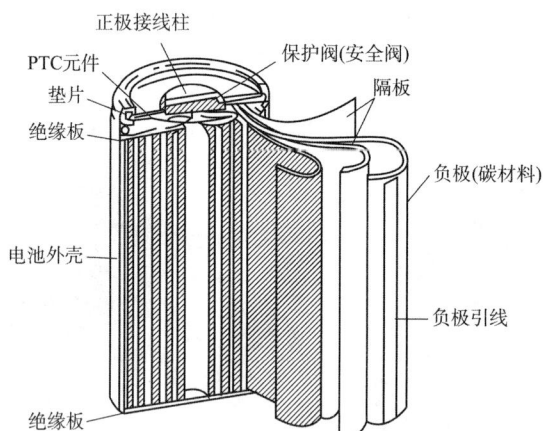

图1-5 锂离子电池组成结构图

①正极。锂离子电池正极材料常采用能使锂离子较为容易地嵌入和脱出,并能同时保持结构稳定的过渡金属氧化物。目前,常用的正极材料有锰酸锂、磷酸铁锂、镍钴锂、镍钴锰三元锂等。

②负极。负极材料由碳材料与黏合剂的混合物,加上有机溶剂调和制成为糊状,并在铜基体上涂覆薄层形成,一般呈层状结构,有很多微孔,能使锂离子较容易地嵌入和脱出。负极材料是决定锂离子电池综合性能优劣的关键因素之一。比容量高、容量衰减率小、安全性能好是对负极材料的基本要求。

③隔膜。隔膜大多使用聚乙烯或聚丙烯材料制成的微多孔膜,布置在正负极之间起到绝缘作用,防止正负极直接碰触而短路,并阻止电池内电子穿过,同时允许锂离子通过。

④电解液。电解液是以混合溶剂为主体的有机电解液,可分为液态锂离子电池(LIB)和聚合物锂离子电池(LIP)两大类。两者主要区别在于电解质的状态不同,液态锂离子电池使用的是液体电解质,而聚合物锂离子电池则以聚合物电解质来代替。

⑤安全阀。为了保证锂离子电池的使用安全性,一般通过对外部电路进行控制或者在电池内部设异常电流切断的安全装置。

（2）锂离子电池的外形结构。

按照锂离子电池的外形分类，一般将其分为圆柱形、方形、异形等。

①圆柱形锂离子电池。

圆柱形锂离子电池（图1-6）由于其体积及容量较小，应用于汽车动力蓄电池中，需要很多电池并联、串联组成电池组。如特斯拉 Model S 的动力蓄电池就是由 7104 节 18650 锂离子电池串并联而成。18650 这几个数字，代表电池的外表尺寸，其中 18 表示直径为 18mm，65 表示长度为 65mm，0 表示为圆柱形电池。普通的 5 号干电池（AA 电池）的尺寸为 14500。

②方形锂离子电池。

方形锂离子电池（图1-7）是指铝壳或钢壳方形电池，在国内普及率很高。因为方形电池的结构较为简单，不像圆柱形电池采用强度较高的不锈钢作为壳体及具有防爆安全阀等附件，所以整体附件质量要小，相对能量密度较高。

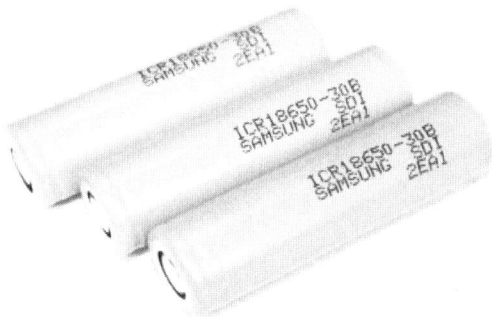

图1-6　圆柱形锂离子电池

图1-7　方形锂离子电池

③异形锂离子电池。

异形锂离子电池（图1-8）的特点是电池的外形可以是规则的或不规则的几何形状，多用于手机、照相机等各种电子产品。

（3）锂离子电池的工作原理。

虽然锂离子电池种类繁多，但工作原理大致相同。目前常用的磷酸铁锂和镍钴锰酸锂等材料的分子形成了纳米等级的细小晶体格子结构，可用来嵌入储存锂原子。

如图1-9所示，充电时，正极（阴极）发生氧化反应，释放电子至外部电路，释放锂电子至内部电路。电子通过外部电路和充电器转移到负极，锂离子通过内部电路的电解质和隔膜进入负极的晶体结构。

图1-8　异形锂离子电池

因此，正极锂离子的数量逐渐减少。然而，电解液中锂离子的数量并没有改变。负极（阳极）进行还原反应，吸收电子和锂离子。电子和锂离子在负极的晶体结构中形成中性电荷。

放电时，正极（阴极）发生还原反应，从外部电路获得电子，从内部电路获得锂离子。电子通过外部电路和用电器被输送到正极，锂离子通过内部电路中的电解质和隔膜返回到正极的晶体结构。因此,负极锂离子的数量逐渐减少,而正极锂离子的数量逐渐增多。然而,电解液中锂离子的数量并没有改变。负极(阴极)被氧化,释放电子和锂离子。电子和锂离子通过内外电路,回到正极的晶体结构,形成中性电荷。

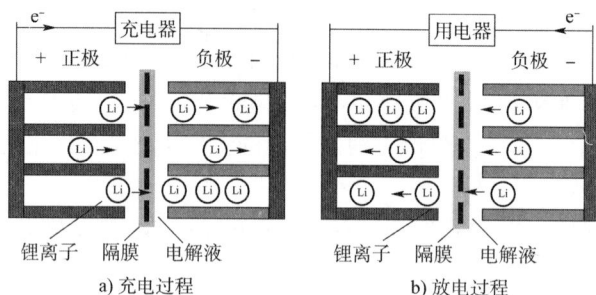

a) 充电过程   b) 放电过程

图 1-9　锂离子电池工作原理

摇椅现象:从电池内电路来看,充电时锂离子嵌入负极,放电时锂离子又嵌入正极,离子像坐摇椅一样,在正极和负极之间来回移动,所以锂离子电池又称为"摇椅电池"。在充电过程中,电池在外部充电器电压的作用下,随着锂离子从正极向负极移动,电池储存的电量越来越多,正负极之间的电压越来越高,直到充满。放电过程中,锂离子从负极向正极移动,电池储存的电量越来越少,电池的正负极电压越来越低,直到放电终了。电池正负极材料的晶体结构,在锂离子迁移过程中会出现变化。如果过充电,严重时会导致负极晶格堵塞,过放电会导致负极晶格塌落。因此,锂离子电池一般不能单独使用,必须与充放电控制电路组合使用。

(4)锂离子电池的特点。

①工作电压高。磷酸铁锂电池工作电压为 3.2V,三元锂电池工作电压达 3.7V。

②比能量高。锂离子电池理论比能量可达 200W·h/kg 以上。

③循环寿命长。锂离子电池完全充放电循环次数可达 1000 次以上。

④自放电小。锂离子电池自放电率仅为总容量的 5%～9%(每月)。

⑤环保性高。锂离子电池不含汞、铅、镉等有害元素,是真正意义上的绿色电池。

⑥无记忆效应。

⑦高温和低温的存储性较差。

⑧耐过充电和过放电能力差。

⑨价格相对较高。

(5)锂离子电池的应用。

①在便携式电器方面的应用。

目前,移动电话、笔记本计算机、微型摄像机等需要便携式电源的电器,已成为人们生活中不可缺少的一部分。在电源选用方面,这些电器无一例外地都使用锂离子电池,已成为市场的主流。

②在交通运输行业的应用。

新能源汽车中锂离子动力蓄电池已经成为主流。在国内外众多汽车研制和生产企业开发的电动汽车中,大部分车型都采用了锂离子电池,其主要使用的是磷酸铁锂和三元锂电池(镍钴锰酸锂电池)。

③在军事装备及航空航天事业中的应用。

在军事装备中,锂离子电池主要用作动力启动电源、无线通信电台电源、微型无人驾驶侦察飞机动力电源等。此外,诸如激光瞄准器、夜视器、飞行员救生电台电源、船示位标电源等,现在也普遍采用锂离子电池。在航空航天领域,锂离子电池已经用于地球同步轨道卫星和低轨道通信卫星,作为发射和飞行中校正操作的动力源。

④锂离子电池的其他应用。

由于锂离子电池自身的结构特点和特殊的工作原理,决定了其原材料丰富、环保、比容量高、循环性能和安全性能好等特点,在医疗行业(如助听器、心脏起搏器等)、石化行业(如采油动力负荷调整)、电力行业(如储能电源)等均具有广阔的应用前景。

(6)典型锂离子电池。

在种类繁多的锂离子电池中,目前市场上磷酸铁锂电池和三元锂电池是最为常用的动力蓄电池类型。

①磷酸铁锂电池。

磷酸铁锂电池($LiFePO_4$)是磷酸铁锂离子电池的简称,也称为"锂铁(LiFe)动力蓄电池"或"铁电池"。磷酸铁锂电池是指用磷酸铁锂作为正极材料的锂离子电池,该电池与其他锂离子电池最大的区别是电池的正极加入了铁元素。目前用作锂离子电池正极材料的金属元素中,钴(Co)最贵,并且存储量不多,镍(Ni)、锰(Mn)较便宜,而铁(Fe)最便宜。采用$LiFePO_4$正极材料做成的锂离子电池是最便宜的。

磷酸铁锂单体电池的标称电压为3.2V,充电终止电压是3.6V,放电终止电压是2.0V。比能量可达到120W·h/kg,具有比功率高、耐高温、寿命长、环保性能好、快速充电、充放电性能优良,以及耐过充放电能力强等特点。快速充电时间约15min达到80%电量,工作温度为 − 20 ~ 65℃,循环寿命可达2000次。与其他正极材料的锂离子电池相比,磷酸铁锂电池具有良好的稳定性和安全性能,不会发生起火或爆炸,并且没有毒性,价格也较低廉。但批量生产的磷酸铁锂动力蓄电池存在单体电池之间的"不一致性",导致磷酸铁锂高压电池包的性能不稳定,因此需要加强对磷酸铁锂电池组的管理。

②三元锂电池。

三元锂电池又被称为"三元聚合物锂电池",指的是镍钴锰酸锂或者镍钴铝酸锂作为正极材料的锂离子电池。镍钴锰三元锂电池的三元指的是镍(Ni)、钴(Co)、锰(Mn)三种元素。而这三种元素中镍和钴是活性金属,锰不参与电化学反应。一般来说,活性金属成分含量越高,电池容量就越大,但当 Ni 的含量过高时,会引起 Ni^{2+} 占据 Li^+ 的位置,加剧了阳离子混排,从而导致容量降低;Co 也是活性金属,但能起到抑制阳离子混排的作用,从而稳定材料层状结构;Mn 作为非活性金属,主要起到稳定反应提高安全性的作用。三元材料综合了钴酸锂、镍酸锂和锰酸锂三种材料的优点,形成了三种材料三相的共熔体系,由于三元协同效应,其综合性能优于任一单组合化合物。

③磷酸铁锂电池与三元锂电池性能对比。

a. 能量密度。

三元锂电池的能量密度达到了200W·h/kg 以上,磷酸铁锂电池能量密度为 160W·h/kg

左右,相比之下,三元锂电池的能量密度大,电压更高,同样质量的电池组电池容量更大,车辆续驶里程更长。

b. 安全性。

由于镍钴铝的高温结构不稳定,导致热稳定性差,且 pH 值过高易使单体胀气,进而引发危险。NCA(镍钴铝)在 250~300℃ 就会发生分解,释放的氧气遇到电池中可燃的电解液、碳材料后一点即燃,产生的热量进一步加剧正极分解,在极短的时间内就会爆燃。对于三元锂电池而言,其电池管理系统、散热系统就至关重要。与此相比,磷酸铁锂电池遭到 350℃ 的高温也不会起火。

c. 耐低温性能。

三元锂电池耐低温性能更好,是制造低温锂电池的主要技术路线,在 −20℃ 时,三元锂电池能够释放 70% 的容量,而磷酸铁锂电池组只能释放 55% 的容量,且由于在低温条件下,三元锂电池的电压平台远远高于磷酸铁锂电池电压平台,故其启动也更快。

d. 循环寿命。

磷酸铁锂电池的循环寿命要优于三元锂电池,三元锂电池的理论循环寿命是 2000 次,但基本上到 1000 次时,容量会衰减到 60%;而磷酸铁锂电池经过相同的循环周期,还有 80% 的容量。但是三元锂电池在不断进步的电池管理技术加持下,循环寿命也逐渐得到提高。

3. 镍氢电池

镍氢电池于 1988 年进入实用化阶段,并于 1990 年在日本开始规模生产。现阶段,新能源汽车上应用最多的是以储氢合金为负极材料的镍氢电池。这种电池技术成熟、比功率大、寿命长、基本无记忆效应且工作温度范围宽,是混合动力电动汽车用动力蓄电池的主体,也是至今量产的新能源汽车中应用量较大的一种电池。

(1)镍氢电池的结构。

镍氢电池(Ni-MH)也是一种碱性电池,正极材料是球形氢氧化镍,负极板的主要材料是镍的储氢合金。一个完整的单体镍氢电池由正极材料、负极材料以及具有保液能力和良好透气性的隔膜、碱性电解液、金属壳体、可自动密封的安全阀及其他部件组成,如图 1-10 所示。采用隔膜相互隔离开的正、负极板呈螺旋状卷绕在壳体内,壳体用盖帽进行密封,在壳体和盖帽之间用绝缘材质的密封圈隔开。负极板的储氢合金在进行吸氢/放氢化学反应(可逆反应)的过程中,也伴随着放热吸热的热反应(可逆反应),同时产生充电/放电的电化学反应(可逆反应)。

①正极。镍氢电池的正极采用高孔率泡沫镍或纤维镍作导电骨架,其表面是由氢氧化物制作而成,其制造工艺可分为烧结式和泡沫镍式两大类。

②负极。镍氢电池的负极是由骨架和储氢合金组成的。

③隔膜。镍氢电池的隔膜采用尼龙无纺布或聚丙烯无纺布等材料,由于尼龙无纺布在碱性电解液中会发生解离,所以绝大多数采用聚丙烯无纺布。为了确保隔膜具有一定厚度,因此镍氢电池的聚丙烯无纺布隔膜的厚度比锂离子电池的大得多。

④电解液。镍氢电池的电解液一般是氢氧化钾碱性溶液(KOH),有的镍氢电池在电解液中加入少量的氢氧化锂($LiOH$)或氢氧化钠($NaOH$)。

⑤壳体和安全阀。镍氢电池的外壳多采用镀镍薄钢板,在电动汽车用的方形电池上,也有采用塑料外壳的。安全阀安装在镍氢电池的顶部,其主要作用是在镍氢电池过放电时,使正极析出的气体可以在负极消耗,使电池内部压力保持平衡。当析出气体的速度大于消耗的速度时,电池内部压力升高,此时安全阀在达到压力最大值时打开,通过排气孔排出气体,使电池内部压力降低,防止电池爆炸。当电池内部压力小于一定值时,安全阀自动关闭。

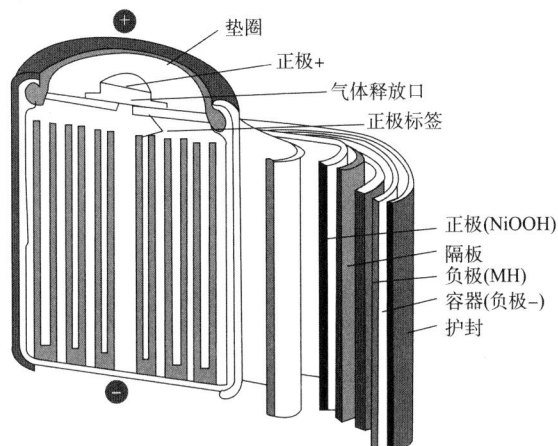

图 1-10　镍氢电池

(2)镍氢电池的工作原理。

将球状氢氧化镍粉末与添加剂 Co 等金属、塑料和黏合剂制成的涂膏涂在正极板上,就形成了镍氢电池的正极。镍氢电池的负极是储氢合金,是以稀土系、锆系列、钛系列、镁系列的化合物为载体,与钴、锰等金属元素烧结成的合金材料,是一种氢原子可以渗入或析出的多金属合金晶格基块。电解质是水溶性氢氧化钾和氢氧化锂的混合物。在充电过程中,水在电解质溶液中分解为氢离子和氢氧离子,氢离子被负极吸收,负极从金属转化为金属氢化物。在放电过程中,氢离子离开了负极,氢氧离子离开了正极,氢离子和氢氧离子在电解质氢氧化钾中结合成水并释放电能。

(3)镍氢电池的特点。

①使用温度范围宽,正常使用温度范围为 −30 ~ 60℃。

②循环寿命长,一般使用寿命为 5 ~ 10 年。

③不含铅、镉等对人体有害金属,无污染。

④耐过充电、过放电能力较强。

⑤无记忆效应。

⑥充电过程中容易发热,对环境温度变化敏感。

⑦在高温状态下,性能变差。

⑧自放电损耗大,电池组在使用过程中各个单体电池的均匀性(不一致性)较差。

⑨成本为铅酸电池的 5 ~ 8 倍。

(4)镍氢电池的应用。

1984 年,荷兰飞利浦公司成功研制了镍氢电池(MH-Ni)。由于镍氢电池与镍镉电池电

图 1-11　普锐斯混合动力电动汽车

压平台相同,在充放电特性方面相似,并且对环境友好,其成为取代镍镉电池的理想产品。20 世纪 90 年代开始,镍氢电池成为蓄电池市场的主流产品,在多种电子产品上广泛应用,并成为混合动力电动汽车的主流动力电源。

由于镍氢电池可以满足混合动力电动汽车高功率密度的要求,该类电池目前在混合动力电动汽车,尤其是在日系车型中应用广泛。图 1-11 所示为镍氢电池组在丰田普锐斯混合动力电动汽车中的布置。

4. 燃料电池

燃料电池同普通电池概念完全不同,被称为燃料电池只是由于在结构形式上其与电池有某种类似,外观、特性像电池,随负荷的增加,输出电压下降。作为发电装置,燃料电池没有传统发电装置上的原动机驱动发电装置,而是将燃料同氧化剂反应的化学能直接转化为电能。只要不中断供应燃料,它就可以不停地发电。燃料电池可以使用多种燃料,包括氢气、一氧化碳以及比较轻的碳氢化合物,氧化剂通常使用纯氧或空气,目前主流技术采用氢燃料电池。

(1)燃料电池的工作原理。

氢燃料电池工作原理如图 1-12 所示,氢气通入阳极,在催化剂作用下,一个氢分子分解为两个氢离子,并释放出两个电子,在电池另一端,氧气或空气到达阴极;同时,氢离子穿过电解质到达阴极,电子通过外电路到达阴极,在阴极催化剂的作用下,氧气和氢离子与电子发生反应生成水。

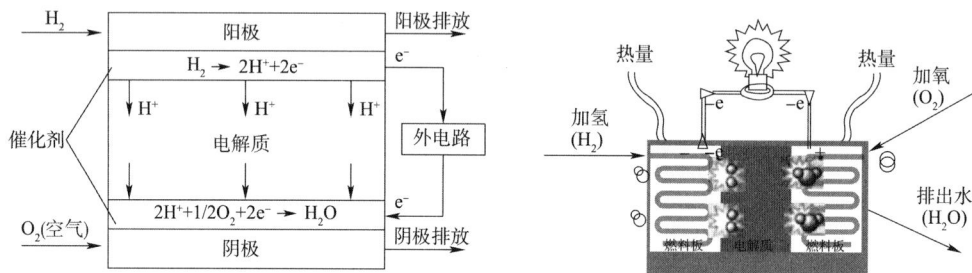

图 1-12　氢燃料电池工作原理图

(2)燃料电池的组成。

燃料电池的主要构成组件有电极、电解质隔膜与集电器等。

①电极。燃料电池的电极是燃料发生氧化反应与氧化剂发生还原反应的电化学反应场所。电极主要分为阳极和阴极,厚度一般为 $200 \sim 500mm$,结构设计为多孔结构。

②电解质隔膜。电解质隔膜的主要功能是分隔氧化剂与还原剂,并传导离子,故电解质隔膜越薄越好,但也要具有一定的强度,一般厚度在数十微米至数百微米。

③集电器。集电器又称作双极板,具有收集电流、分隔氧化剂与还原剂、疏导反应气体

等功用,集电器的性能主要取决于其材料特性、流场设计及其加工技术。

(3)燃料电池的应用。

氢燃料电池的发电热效率可达65%~85%,质量能量密度500~700W·h/kg,体积能量密度1000~1200W·h/L,可在30~90℃下运行,起动时间很短,0~20s内即可达到满负荷工作,寿命可以达到10年,无振动,无废气排放。除了成本外,氢燃料电池电动汽车各方面性能均优于燃油汽车。尤其是质子交换膜燃料电池,由于兼具无污染、高效率、适用广、低噪声、可快速补充能量等特点,被公认为替代传统内燃机的最理想动力装置,是真正零排放的车用能源。

2014年,全球第一款量产氢燃料电池电动汽车丰田Mirai上市,它标志着氢燃料电池电动汽车进入了面向普通消费者的阶段,其结构布局如图1-13所示。2020年,第二代丰田Mirai问世,综合续驶里程达850km。

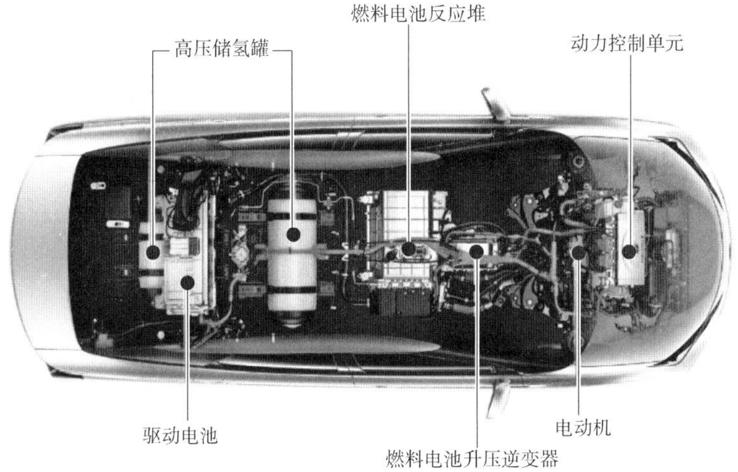

图1-13　Mirai氢燃料电池电动汽车结构布局图

5.超级电容器

超级电容器也称为双电层电容器,是一种物理储能电池,通过极化电解质来储能的电化学元件,但在储能过程中并不发生化学反应,而且储能过程是可逆的,可以反复充放电数十万次。与传统的电容器和二次电池相比,超级电容器的比功率是电池的10倍以上,储存电荷的能力比普通电容器高很多,并具有充放电速度快、循环寿命长、使用温度范围宽、无污染等优点,是一种非常有前途的新型绿色能源。

(1)超级电容器的结构。

超级电容器由极板、隔膜和电解液组成,其结构如图1-14所示。

(2)超级电容器的工作原理。

超级电容器是利用双电层原理的电容器。当外加电压到超级电容器的两个极板上时,与普通电容器一样,正极板存储正电荷,负极板存储负电荷,在超级电容器两极板上电荷产生的电场作用下,在电解液与电极间的界面上形成相反的电荷,以平衡电解液的内电场,正电荷与负电荷在两个不同相之间的接触面上,以正负电荷之间极短间隙排列在相反的位置上,这个电荷分布层叫做双电层,因此电容量非常大。当两极板间电势低于电解液的氧化还原电极电位时,电解液界面上电荷不会脱离电解液,超级电容器为正常工作状态;若电容器两端电压超过电解液的氧化还原电极电位时,电解液将分解,为非正常状态。随着超级电容器放电,正、负极板上的电荷被外电路泄放,电解液界面上的电荷相应减少。由此可以看出:超级电容器的充放电过程始终是物理过程,没有化学反应,因此性能更加稳定。

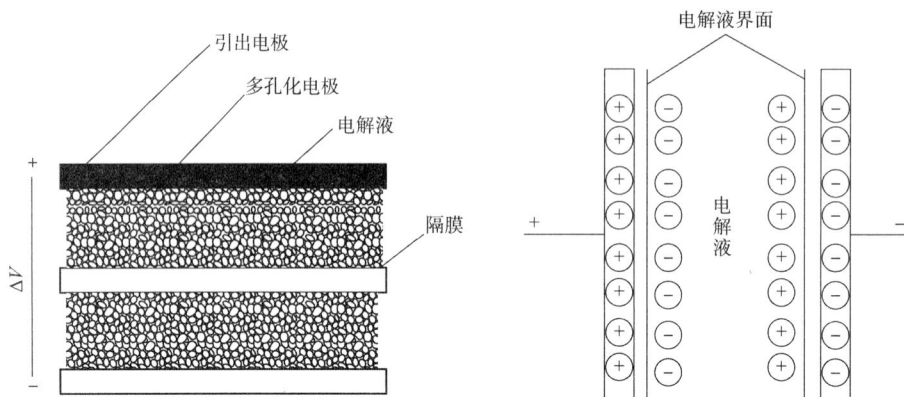

图 1-14 超级电容器结构图

(3)超级电容器的特点。

①输出功率密度高。超级电容器的内阻很小,输出功率密度高达每千克数千瓦。

②极长的充放电循环寿命。超级电容器循环寿命可达上万次。

③非常短的充电时间。超级电容器完全充电时间只要 10～12min。

④储存寿命极长。理论上超级电容器的储存寿命几乎可以认为是无限的。

⑤比能量低。这一缺陷制约了超级电容器的应用。

(4)超级电容器的应用。

超级电容器由于具有比功率高、循环寿命长、充放电时间短等优势,已成为理想的电动汽车电源之一。目前,世界各国正争相研究,并越来越多地将其应用到电动汽车上。

本田的 FCX 燃料电池-超级电容混合动力电动汽车是世界上最早实现商品化的燃料电池电动汽车,该车已于 2002 年在日本和美国加利福尼亚州上市;日产公司于 2002 年 6 月 24日生产了安装有柴油机、电动机和超级电容的并联式混合动力电动货车,此外还推出了天然气超级电容混合动力电动客车,该车的经济性是原来传统天然气汽车的 2～4 倍。

2004 年 7 月,我国首部"电容蓄能变频驱动式无轨电车"在上海张江投入试运行,该公交车利用超级电容器比功率大和公共交通定点停车的特点,当电车停靠站时快速充电,充电后就可持续提供电能,车速可达 44km/h。2010 年上海世博会期间,在世博园内也运行了采用超级电容器驱动的电动客车,如图 1-15 所示。

图 1-15 世博园内运行的超级电容器驱动的电动客车

总体来看,超级电容器在等间距定点停

车的公交车、场地车领域有很好的发展前景,在其他类型汽车上可作为辅助电源从而满足车辆急加速、爬陡坡时的功率需求和制动减速时的快速回收能量高求等。

6.飞轮电池

飞轮电池是于 20 世纪 70 年代提出的,它是一种物理储能电池,突破了化学电池的局限,用物理方法实现储能,最初的应用在电动汽车上,但由于当时的技术限制,没有得到实际应用。直到 20 世纪 90 年代,随着碳纤维技术的广泛应用,飞轮电池得到了高速发展。目前伴随着轴承技术的发展,飞轮电池已展示出广阔的应用前景。

(1)飞轮电池的组成。

飞轮电池包括飞轮、轴、轴承、电机、真空容器和电力电子变换器,其主要结构如图 1-16 所示。其中,飞轮是整个装置的核心部件,它直接决定了整个装置的储能多少。电力电子变换器通常是由半导体场效晶体管和绝缘栅型晶体管 IGBT 组成的双向变换器,它们决定了飞轮装置能量输入输出量的大小。

(2)飞轮电池的工作原理。

如图 1-17 所示,飞轮电池的工作原理是外部电能经电力电子变换器输入,驱动电动机旋转,电动机带动飞轮旋转,飞轮储存动能(机械能)。当外部负载需要能量时,用飞轮带动发电机旋转,将动能转化为电能,再通过电子变换器变成负载所需要的各种频率、变压等级的电能,以满足不同的需求。由于电能输入、输出

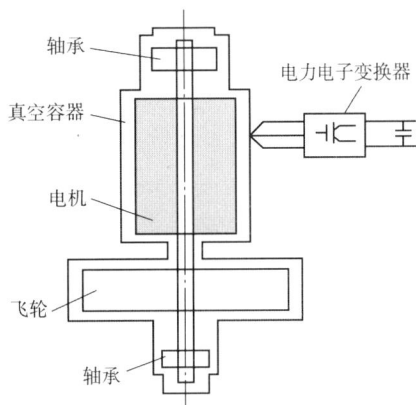

图 1-16 飞轮电池结构示意图

是彼此独立的,设计时常将电动机和发电机用一台电机来实现,输入输出变换器也合并成一个,这样就可以大大缩小、减少系统的体积和质量。充电时,飞轮电池中的电机以电动机形式运转,在外电源的驱动下,电动机带动飞轮高速旋转;放电时,电机则以发电机状态运转,在飞轮的带动下对外输出电能,完成机械能到电能的转换。在实际工作中,飞轮的转速至少为 40000r/min,最高可达 200000r/min,一般金属制成的飞轮无法承受这样高的转速,所以飞轮一般都采用碳纤维制成,以减小整个系统的质量。为了减少充放电过程中的能量损耗,电机和飞轮都采用磁悬浮轴承以减少机械摩擦,同时将飞轮和电机放置在真空容器中,以减少空气摩擦,这样飞轮电池的输入输出效率可达 95% 左右。

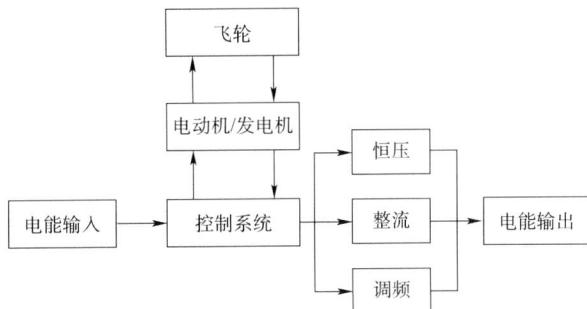

图 1-17 飞轮电池的工作原理

（3）飞轮电池的特点。

飞轮电池兼顾了化学电池、燃料电池和超导电池等储能装置的诸多优点，主要体现在如下几个方面。

①能量密度高。飞轮电池储能密度可达 100～200W·h/kg，功率密度可达 5000～10000W/kg。

②能量转换效率高。飞轮电池工作效率高达 90%～95%。

③工作温度范围宽。飞轮电池对环境温度没有严格要求，工作温度范围宽。

④使用寿命长。飞轮电池不受重复深度放电影响、能够循环几百万次运行，预期使用寿命可达 20 年以上。

⑤低损耗、低维护。磁悬浮轴承和真空环境使飞轮电池的机械损耗可以被忽略，系统维护周期长。

⑥成本高。由于在实际工作中，飞轮的转速可达 40000～50000r/min，一般金属制成的飞轮无法承受这样高的转速（容易解体），所以飞轮一般都采用碳纤维制成，制造飞轮的碳纤维材料目前还很昂贵，成本比较高。

⑦飞轮一旦充电，就会不停转动下去，造成能量浪费。例如，给一辆飞轮电动汽车充电后，该汽车可以行驶 3h，汽车行驶了 2h 后，驾驶员如果需要就餐半小时，那么这期间飞轮就会在那里白白转动。

二、任务实施

（一）工作准备

（1）工具设备：多种类型单体电池。
（2）实训资料：教材、实训任务单。

（二）实施步骤

单体电池的识别见表 1-2。

单体电池的识别　　　　　　　　　　表 1-2

电池图片	电池类型	电池特点

续上表

电池图片	电池类型	电池特点

任务2　单体电池的认知

任务描述

　　一位客户购买的荣威 Ei5 纯电动轿车需要更换单体电池,询问该款汽车的单体电池是什么类型的,请你为客户介绍一下单体电池的基本知识。

一、知识准备

（一）电池的性能参数

1. 电压参数

（1）电动势。

电动势是反映电源将其他形式的能转换成电能的物理量，电动势使电源两端产生电压。电池的电动势是热力学的两极平衡电极电位之差，常用 E 表示，单位是伏（V）。电动势是电池在理论上输出能量大小的度量之一。如果其他条件相同，那么电动势越高，理论上能输出的能量就越大。实际上，电池的开路电压在数值上接近电池的电动势，因此在工程应用上，常常认为电池在开路条件下，正负极间的平衡电势之差，即为电池的电动势。

（2）开路电压。

开路电压是指在开路状态下（几乎没有电流通过时），电池的正极电位与负极电位之差。电池的开路电压取决于电池正负极材料的活性、电解质和温度条件等，与电池的几何结构和尺寸大小无关。例如，无论铅酸电池的尺寸大小如何，其单体开路电压都是近似一致的。一般情况下，电池的开路电压小于（但接近）它的电动势，因此人们一般近似认为电池的开路电压就是电池的电动势。

（3）额定电压。

额定电压也称公称电压或标称电压，是指在规定条件下电池工作的标准电压。不同电化学类型的电池单体额定电压是不同的，根据额定电压也能区分电池的化学体系。表 1-3 为常用电化学体系电池的参数。

常用电化学体系电池的参数　　表 1-3

电芯类型	电芯型号	标称电压（V）	标称容量（mA·h）	充电温度（℃）	放电温度（℃）	充电电流（A）	放电电流（A）
三元锂电池	ICR18650	3.7	2200	0~45	-40~60	2.2(1C)	10(5C)
	ICR18650	3.7	2500	0~45	-40~60	2.5(1C)	25(10C)
	ICR18650	3.7	3000	0~45	-40~60	3.0(1C)	15(5C)
	ICR21700	3.7	4000	0~45	-40~60	4.0(1C)	40(10C)
磷酸铁锂电池	IFR26650	3.2	3200	-20~45	-40~60	3.2(1C)	10(3C)
	IFR32700	3.2	5000	-20~45	-40~60	5.0(1C)	25(5C)

（4）工作电压。

工作电压是指电池在接通负载放电过程中所显示出的电压，又称负荷（负载）电压或放电电压。在电池放电初始时刻，即开始有工作电流时的电压称为初始电压。电池在接通负载后，由于欧姆内阻和极化内阻的存在，电池的工作电压低于开路电压。工作电压随着负载和电流的变化也将发生变化。

（5）充电上限电压。

充电上限电压是指电池充满电时的电压。如果达到充电上限电压仍不停止充电，则为过充。而过充的最直接表现是：电池明显发热，如果继续充电则导致电池发热至烫手。因为电池电量已经饱和，而一般的充电器还会继续往电池充电，电池难以再提高电压，就会以热的形式发散出来，这样会造成电池永久性损伤。

（6）放电终止电压。

放电终止电压也称放电截止电压，是指电池在放电时，电压下降到不宜再继续放电的最低工作电压值。由于对电池的容量和寿命要求不同，以及不同的电池类型和放电条件，各种电池规定的放电终止电压也不同。一般而言，当低温或大电流放电时，终止电压值规定得高些；当小电流长时间或间歇放电时，终止电压值规定得低些。对于所有蓄电池（充电电池），放电终止电压都是必须严格规定的重要指标。

2. 容量参数

电池在一定的放电条件下所能放出的电量称为电池容量，以符号 C 表示，其单位常用 A·h 或 mA·h 表示。

（1）理论容量（C_0）。

理论容量是假定全部活性物质参加电池的成流反应所能提供的电量。理论容量可根据电池反应式中电极活性物质的数量，按法拉第定律计算的活性物质电化学当量求出。

（2）额定容量（C）。

额定容量即按照国家或有关部门规定的标准，保证电池在一定的放电条件（如温度、放电率、终止电压等）下放出的最低限度容量。

（3）实际容量（C_x）。

实际容量是指在实际应用情况下电池实际放出的电量，它等于放电电流与放电时间的积分。实际放电容量受放电率的影响较大，所以常在字母 C 的右下角以阿拉伯数字标明放电率，如 $C_{20} = 50A·h$，表明在 20h 放电率下的容量为 50A·h。

电池的实际容量与放电电流密切相关。当大电流放电时，电极的极化增强，内阻增大，放电电压下降很快，电池的能量效率降低，因此实际放出的容量较低。在低倍率放电条件下，放电电压下降缓慢，电池实际放出的容量常常高于额定容量。

（4）剩余容量。

剩余容量是指在一定放电倍率下放电后，电池剩余的可用容量。剩余容量的估计和计算受到电池前期应用的放电率、放电时间，以及电池老化程度、应用环境等多种因素影响，所以在准确估算上存在一定的困难。

3. 内阻

（1）电池内阻的定义。

电流通过电池内部时受到阻力，使电池的工作电压降低，该阻力称为电池内阻。由于电池内阻的作用，电池放电时端电压低于电动势和开路电压，充电时充电的端电压高于电动势和开路电压。电池内阻是化学电源的一个极为重要的参数，它直接影响电池的工作电压、工作电流、输出能量与功率等，对于一个实用的化学电源，其内阻越小越好。

电池内阻不是常数,它在放电过程中根据活性物质的组成、电解液浓度、电池温度以及放电时间而变化。电池内阻包括欧姆内阻和电极在化学反应时所表现出的极化内阻,两者之和称为电池的全内阻。

欧姆内阻主要由电极材料、电解液、隔膜内阻及各部分零件的接触电阻组成。它与电池的尺寸、结构,电极的成形方式(如铅酸电池的涂膏式电极与管式电极,碱性电池的有盒式电极和烧结式电极)以及装配的松紧度有关。

(2)极化内阻产生的原因。

极化内阻是指化学电源的正极与负极在进行电化学反应时由于极化所引起的内阻,它是电化学极化和浓差极化所引起的电阻之和。极化内阻与活性物质的本性、电极的结构、电池的制造工艺有关,尤其是与电池的工作条件密切相关,放电电流和温度对其影响很大。

在大电流密度下放电时,电化学极化和浓差极化均增加,甚至可能引起负极的钝化,导致极化内阻增加。低温对电化学极化、离子的扩散均有不利影响,故在低温条件下电池的极化内阻也增加。因此,极化内阻不是一个常数,而是随放电率、温度等条件的改变而改变。

电池内阻较小,在许多工况常常忽略不计,但电动汽车用动力蓄电池常常处于大电流、深放电工作状态,内阻引起的压降较大,此时内阻对整个电路的影响不能忽略。

对应于电池内阻的构成,电池产生极化现象有以下三个方面的原因。

①欧姆极化。欧姆极化是由电解液、电极材料以及导电材料之间存在的接触电阻引起的。充放电过程中,为了克服欧姆内阻,外加电压就必须额外施加一定的电压,以克服阻力推动离子迁移。该电压以热的方式转化给环境,就出现了所谓的欧姆极化。随着充电电流急剧加大,欧姆极化将造成电池在充电过程中温度升高。

②浓差极化。当电流流过电池时,为了维持正常的反应,最理想的情况是电极表面的反应物能及时得到补充,生成物能及时离去。实际上,生成物和反应物的扩散速度远远比不上化学反应速度,从而造成极板附近电解质溶液浓度发生变化。也就是说,从电极表面到中部溶液,电解液浓度分布不均匀。这种现象称为浓差极化。

③电化学极化。电化学极化是由于电极上进行的电化学反应速度落后于电极上电子运动的速度造成的。

不管哪种极化,如果极化现象严重,都将对电池造成不可逆的损坏。

4.能量与能量密度

(1)能量。

电池的能量是指在一定放电制度下,电池所能释放出的能量,通常用 W·h 或 kW·h 表示。电池的能量分为理论能量和实际能量。

①理论能量。

假设电池在放电过程中始终处于平衡状态,其放电电压保持电动势(E)的数值,而且活性物质的利用率为100%,即放电容量为理论容量,则在此条件下电池所输出的能量为理论能量。

②实际能量。

实际能量是指电池放电时实际输出的能量。它在数值上等于电池实际放电电压、放电电流与放电时间的积分。

在实际工程应用中,作为实际能量的估算,经常采用电池组额定容量与电池放电平均电压乘积来进行电池实际能量的计算。

由于活性物质不可能完全被利用,电池的工作电压总是小于电动势,电池的实际能量总是小于理论能量。

(2)能量密度。

电池的能量密度是指单位质量或单位体积的电池所能输出的能量(W/G 或 W/V,W 表示电池的能量,G 表示电池的质量,V 表示电池的体积),相应地,也称为质量能量密度(W·h/kg)或体积能量密度(W·h/L),即质量比能量或体积比能量。

在电动汽车应用方面,动力蓄电池质量比能量将影响电动汽车的整车质量和续驶里程,而体积比能量会影响到动力蓄电池的布置空间,因而比能量是评价动力蓄电池能否满足电动汽车应用需要的重要指标。同时,比能量也是比较不同类型电池性能的一项重要指标。

比能量还可分为理论比能量和实际比能量。理论比能量对应于理论能量,是指单位质量或单位体积电池反应物质完全放电时理论上所能输出的能量;实际比能量对应于实际能量,是单位质量或单位体积电池反应物质所能输出的实际能量,由电池实际输出能量与电池质量(或体积)之比来表征。由于各种因素的影响,电池的实际比能量远小于理论比能量。

动力蓄电池在电动汽车的应用过程中,由于电池组安装需要相应的电池箱、连接线、电流电压保护装置等元器件,实际的电池组比能量小于电池比能量。电池组比能量是电动汽车应用中最重要的参数之一,电池比能量与电池组比能量之间的差距越小,电池的成组设计水平越高,电池组的集成度越高。因此,电池组的质量比能量是衡量电池组性能的重要指标。一般而言,电池组的质量比能量与电池比能量相比低20%以上。

5. 功率与功率密度

(1)功率。

电池的功率是指在一定的放电制度下,单位时间内电池输出的能量,单位为瓦(W)或千瓦(kW)。

(2)功率密度。

单位质量电池输出的功率称为功率密度,又称比功率,单位为 kW/kg 或 W/g。功率密度的大小,表征电池所能承受的工作电流大小,电池功率密度大,表示它可以承受大电流放电。功率密度是评价电池及电池组是否满足电动汽车加速和爬坡能力的重要指标。对电化学电池而言,功率和功率密度与电池的放电深度(DOD)密切相关。因此,在表示电池功率和功率密度时,还应该指出电池的放电深度。

6. 荷电状态

电池荷电状态(State of Charge,SOC)用于描述电池的剩余电量,是电池使用过程中的重要参数,此参数与电池的充放电历史和充放电电流大小有关。电池荷电状态值是个相对量,一般用百分比的方式来表示。SOC 的取值为:$0 \leqslant SOC \leqslant 100\%$。

目前较统一的是从电量角度定义 SOC,如美国先进电池联合会(USABC)在《电动汽车电池实验手册》中将 SOC 定义为:电池在一定放电倍率下,剩余电量与相同条件下额定容量的比值。

由于 SOC 受充放电倍率、温度、自放电、老化等因素的影响,实际应用中要对 SOC 的定义进行调整。例如,日本和韩国的电动汽车公司将 SOC 定义为:

$$SOC = \frac{剩余容量}{额定容量 \times 容量衰减因子} \tag{1-1}$$

其中,剩余容量等于额定容量减去净放电量、自放电量、温度补偿容量后的差值。动力蓄电池的充放电过程是个复杂的电化学变化过程,电池剩余电量受到动力蓄电池基本特征参数(端电压、工作电流、温度、容量、内部压强、内阻和充放电循环次数)和动力蓄电池使用特性因素的影响,使得对电池组的荷电状态(SOC)的测定很困难。在目前,关于电池组电量的研究中,较简单的方法是将电池组等效为一个电池单体,通过测量电池组的电流、电压、内阻等外界参数,找出 SOC 与这些参数的关系,从而间接地测试电池的 SOC 值。应用过程中,为确保电池组的使用安全和使用寿命,常使用电池组中性能最差电池单体的 SOC 来定义电池组的 SOC。

7. 放电深度

放电深度(Depth of Discharge,DOD)是放电容量与额定容量之比的百分数,它与 SOC 之间存在如下数学计算关系:

$$DOD = 1 - SOC \tag{1-2}$$

放电深度的高低对蓄电池的使用寿命有很大的影响,一般情况下,蓄电池常用的放电深度越深,其使用寿命就越短,因此,在电池使用过程中应尽量避免蓄电池深度放电。

8. 使用寿命

(1)使用寿命的概念。

动力蓄电池单体在充放电循环使用过程中,由于一些不可避免的副反应的存在,电池可用活性物质逐渐减少,性能逐步退化,其退化程度随着充放电循环次数的增加而加剧,并与动力蓄电池单体充放电的工作状态和环境有着直接的联系。

循环寿命是评价蓄电池寿命性能的一项重要的指标。蓄电池经历一次充电和放电,称为一次循环,或者一个周期。按一定测试标准,当电池容量降到某一规定值(一般规定为额定值的80%)以前,电池经历的充放电循环总次数,称为蓄电池的循环寿命或使用周期。各类蓄电池的循环寿命都有差异,即使同一系列、同一规格的产品,循环寿命也可能有很大差异。目前常用的蓄电池中,锌银电池的循环寿命最短,一般只有 30 ~ 100 次;铅酸电池的循环寿命为 300 ~ 500 次;锂离子电池的使用周期较长,循环寿命可达 1000 次。

(2)使用寿命的影响因素。

影响动力蓄电池寿命的因素主要包括充放电速率、充放电深度、环境温度、存储条件、电池维护过程、电流波纹以及过充电量和过充频度等。电池成组应用中,动力蓄电池单体不一致性、单体所处温区不同、车辆的振动环境等都会对电池寿命产生影响。在动力蓄电池成组使用中,由于各电池单体间的不一致性和串联高压电池包的短板效应,电池组的最大可用容量与电池单体的可用容量下降速度不同步,也将导致各单体的 SOC 状态各不相同,使得电池组寿命和电池单体相比明显降低。过充电或过放电都会对电池造成额外的损伤,致使动力蓄电池的容量衰减加剧,此时的高压电池包寿命降低更加明显。

9. 自放电率

自放电率是指电池在存放时间内,在没有负荷的条件下自身放电,使得电池容量损失的速度。自放电率采用单位时间(月或年)内电池容量下降的百分数来表示。

自放电率通常与时间和环境温度有关,环境温度越高,自放电现象越明显,所以电池久置时要定期补电,并在适宜的温度和湿度下储存。

10. 不一致性

(1)电池不一致性的概念。

电池不一致性的概念是指同一规格、同一型号的电池单体组成电池组后,在电压、内阻及其变化率、荷电量、容量、充电接受能力、循环寿命、温度影响、自放电率等参数方面存在的差别。在现有的电池技术水平下,电动汽车必须使用多块电池单体构成的电池组来满足使用要求。由于电池不一致性的影响,高压电池包在电动汽车上使用的性能指标往往达不到电池单体原有水平,使用寿命甚至可能缩短至十几分之一,严重影响电动汽车的性能和应用。

(2)电池不一致产生的原因。

①在制造过程中,由于工艺上的问题和材质的不均匀,使得电池极板活性物质的活化程度和厚度、微孔率、电极连接条、隔板等存在很微小的差别。这种电池内部结构和材质上的不完全一致性,就会使同一批次出厂的同一型号电池的容量、内阻等参数不可能完全一致。

②在装车使用时,由于电池组中各个电池的温度、通风条件、自放电程度、电解液密度等差别的影响,在一定程度上会导致电池电压、内阻及容量等参数的不一致。

(3)电池不一致性的分类。

根据使用中电池组不一致性扩大的原因和对电池组性能的影响方式,可以把电池的不一致性分为容量不一致性、电压不一致性和电池内阻不一致性。

①容量不一致性。容量不一致性主要体现在起始容量和实际应用容量两个方面。起始容量不一致性是指电池组在出厂前的分选试验后单体初始容量不一致性,实际应用的容量不一致性是指电池在放电过程中剩余电量不相等。起始容量不一致可在使用过程中通过电池单体充放电来调整,使之差异性较小,而实际容量不一致则有可能与电池单体内阻等参数有关。电池起始容量受电池循环工作次数影响显著,越接近电池寿命周期后期,实际容量不一致就越明显。同时电池起始容量还与电池容量衰减特性有关,受到电池储存温度、电池荷电状态(SOC)等因素影响。电池组实际放电容量不一致性还与电池放电电流有关。因此,在电池组实际使用过程中,容量不一致主要是电池起始容量不一致和放电电流不一致综合影响的结果。

②电压不一致性。电压不一致的主要影响因素在于并联组中电池的互相充电,当并联组中一节电池电压低时,其他电池将给此电池充电。低压电池容量小幅增加的同时高压电池容量急剧降低,能量将损耗在互充电过程中而达不到预期的对外输出。

若低压电池和正常电池一起使用,将成为电池组的负载,影响其他电池的工作,进而影响整个电池组的寿命。因此,在电池组不一致明显增加的深放电阶段,不能再继续行车,否则会造成低容量电池过放电,影响电池组使用寿命。

③电池内阻不一致性。电池内阻一般要求是一致的,电池内阻不一致使得电池组中每个单体在放电过程中热损失的能量各不一样,最终会影响电池单体能量状态。

11. 放电制度

放电制度就是电池放电时所规定的各种条件,主要包括放电倍率(电流)、终止电压和温度等。

(1)放电电流。

放电电流是指电池放电时的电流大小。放电电流的大小直接影响到电池的各项性能指标,因此,介绍电池的容量或能量时,必须说明放电电流的大小,指出放电的条件。

(2)放电终止电压。

终止电压值与电池材料直接相关,并受到电池结构、放电倍率、环境温度等多种因素的影响。一般来说,低温大电流放电时,电极的极化大,活性物质不能充分利用,电池的电压下降较快。因此,在低温或大电流(高倍率)放电时,终止电压可规定得低些;小电流放电时,电极的极化小,活性物质能够得到充分利用,终止电压可规定得高些。

除上述主要性能指标外,还要求电池无毒性,不对周围环境造成污染或腐蚀,使用安全,有良好的充电性能,充电操作方便,耐振动,无记忆性,对环境温度变化不敏感,易于调整和维护等。

(二)单体电池充放电

1. 单体电池充电

锂离子电池充电方式是限压恒流。检测待充电电池的电压,若检测单体电压低于3V,要先进行预充电,充电电流为设定电流的1/10,电压升到3V后,进入标准充电过程。图1-18所示为单体电池充电曲线图。

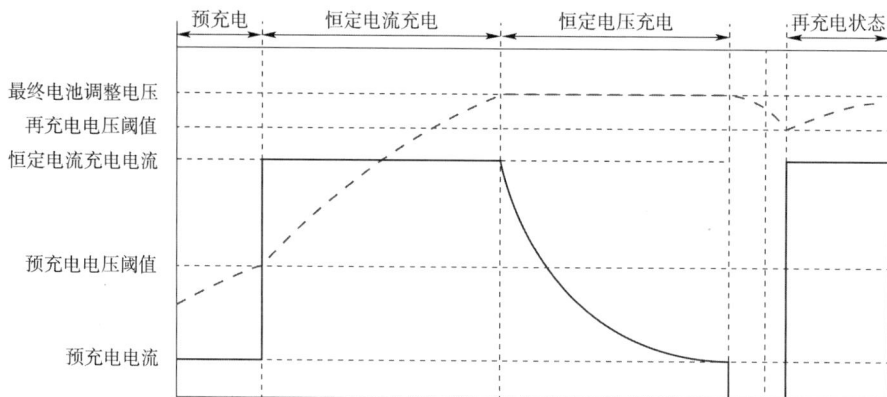

图1-18 单体电池充电曲线图

下面以18650三元锂电池为例进行说明。

阶段1:涓流充电。

涓流充电用来先对完全放电的电池单元进行预充(恢复性充电)。在电池电压低于3V

左右时采用涓流充电,涓流充电电流是恒流充电电流的1/10,即0.1C(单体恒流充电电流为2200mA,涓流充电电流为220mA)。

阶段2:恒流充电。

当电池电压上升到涓流充电阈值以上时,提高充电电流进行恒流充电。恒流充电的电流在0.2~1.0C之间。电池电压随着恒流充电过程逐步升高,视电池正极材料设定此电压为3.0~4.2V。

阶段3:恒压充电。

当电池电压上升到4.2V时,恒流充电结束,开始恒压充电阶段。电流根据电芯的饱和程度,随着充电过程的继续,充电电流由最大值慢慢减少,当减少到0.01C时,认为充电终止。

阶段4:充电终止。

有两种充电终止方法:采用最小充电电流判断或采用定时器判断。最小电流法监视恒压充电阶段的充电电流,并在充电电流小于0.02C时终止充电。第二种方法从恒压充电阶段开始时计时,持续充电2h后终止充电过程。

2. 单体电池放电

当电池的SOC大于20%时,电池恒流放电,当电压下降至2.5V,转入恒压放电,如图1-19所示。

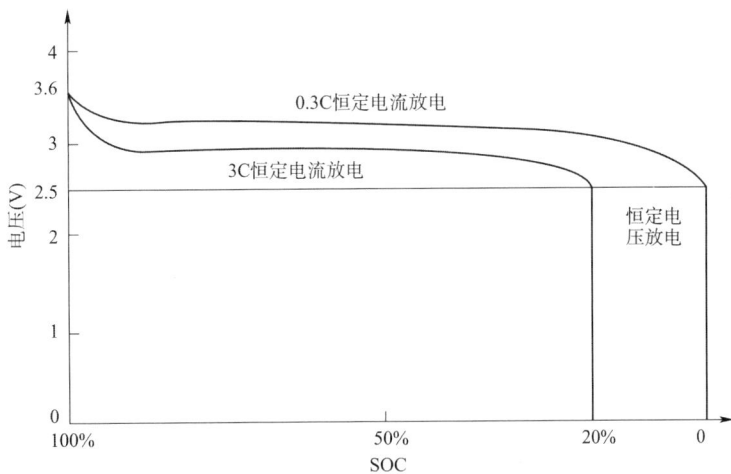

图1-19 单体电池放电曲线图

二、任务实施

(一)工作准备

(1)安全防护:安全防护与隔离。

(2)工具设备:数字式万用表、兆欧表、绝缘防护用品、绝缘工具套装、常规工具套装等。

（3）台架车辆：LH-04048 电池包拆装实训台。

（4）辅助资料：教材、维修资料、实训任务单。

（二）实施步骤

单体电池的拆卸和安装。

步骤1：观察 LH-04048 电池包拆装实训台，掌握电池包整体结构及外部连接情况，如图1-20 所示。

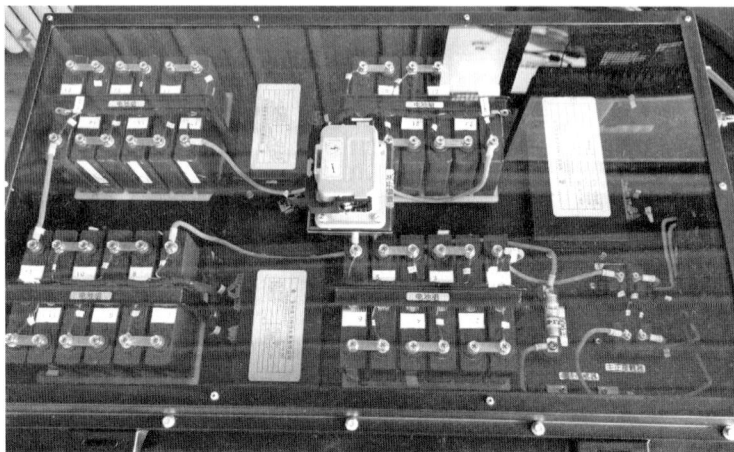

图1-20　LH-04048 电池包拆装实训台

步骤2：找到手动维修开关，解除开关上的锁止，拔下高压维修开关，如图1-21 所示。

步骤3：断开电池包与外部连接的插头，如图1-22 所示。

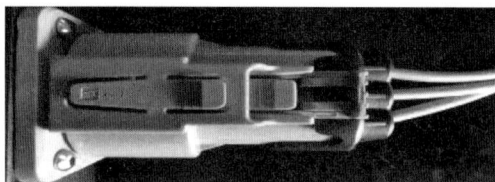

图1-21　解除手动维修开关的锁止

图1-22　电池包连接插头

步骤4：拆下电池包罩盖螺栓，并取下罩盖，如图1-23 所示。

步骤5：拆下主负接触器与电池模组的连接导线及主负接触器，如图1-24 所示。

步骤6：拆下主正接触器与电池模组的连接导线及主正接触器，如图1-25 所示。

步骤7：拆下电池模组间的连接导线，如图1-26 所示。

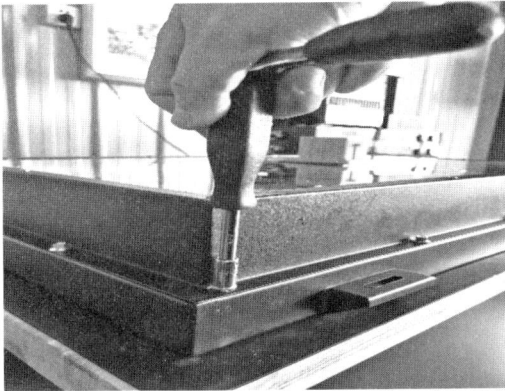

图 1-23 拆卸电池包罩盖螺栓

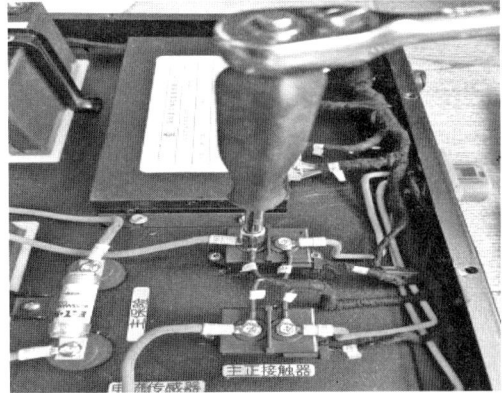

图 1-24 拆卸主负接触器连接导线

图 1-25 拆卸主正接触器连接导线

图 1-26 拆卸电池模组间的连接导线

步骤 8:拆下手动维修开关(MSD)与电池模组间连接导线,如图 1-27 所示。

步骤 9:拆下电池包主熔断器的连接导线及主熔断器,如图 1-28 所示。

图 1-27 拆卸 MSD 连接导线

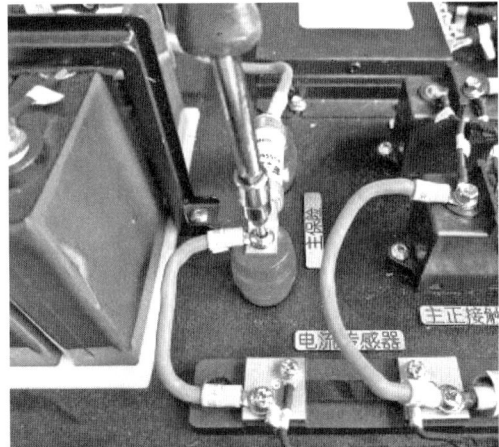

图 1-28 拆卸主熔断器及导线

步骤 10:拔下分采集控制模块和电池管理系统(BMS)控制单元插头,并拆下分采集控制模块和 BMS 控制单元,如图 1-29 所示。

步骤 11:拆下四个电池模中单体电池间连接片并取下相关连接线束,如图 1-30 所示。

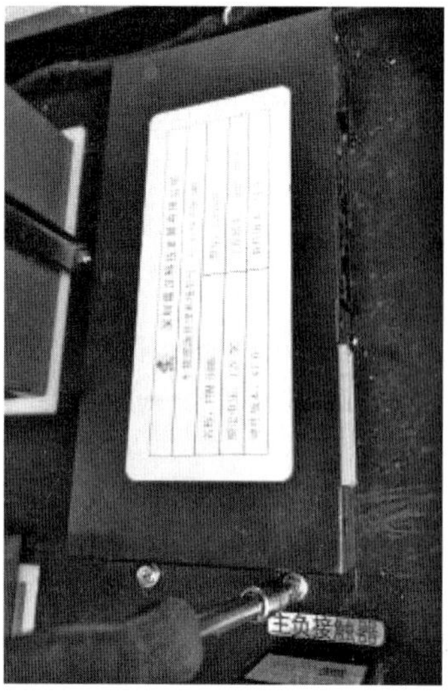

图 1-29　拆卸 BMS 控制单元

图 1-30　拆卸电池连接片

步骤 12:拆下四个电池模固定钢带,取下单体电池并摆放至相应位置,如图 1-31 所示。

图 1-31　取下单体电池

电池的安装步骤与拆卸步骤相反。此处不再赘述。

任务 3　单体电池的检测

任务描述

一位客户购买的荣威 Ei5 纯电动轿车更换单体电池后,询问故障电池的故障原因,请你为客户介绍一下单体电池故障检测的基本知识。

一、知识准备

单体电池的测试方法

常用的动力蓄电池性能指标的检测方法包括荷电状态(SOC)、内阻、容量、循环寿命、一致性等检测方法。

1. 荷电状态检测

以电池的荷电状态(SOC)来反映电池的剩余容量状况,是目前国内外比较统一的认识,其数值定义为电池剩余容量占电池容量的比值。荷电状态(SOC)是动力蓄电池重要的技术参数,只有准确了解电池的荷电状态,才能更好地使用电池。因为电池组的 SOC 和很多因素相关且具有很强的非线性,从而给 SOC 实时在线估算带来很大的困难,还没有一种方法能十分准确地测量电池的荷电状态。目前,主要的测量方法有开路电压法、安时积分法、内阻法等。

(1)开路电压法。

利用电池的开路电压与电池 SOC 的对应关系,可以通过测量电池的开路电压来估计 SOC。开路电压法比较简单,但是其适用于测试稳定状态下的电池 SOC,不能用于动态的电池 SOC 估算。

(2)安时积分法。

安时积分法是通过负载电流的积分估算 SOC,该方法实时测量充入电池和从电池放出的电量,从而能够给出电池任意时刻的剩余电量。该方法实现起来较简单,受电池本身情况的限制小,易于发挥实时监测的优点,简单易用、算法稳定,成为目前电动汽车上使用最多的 SOC 估算方法,如图 1-32 所示。

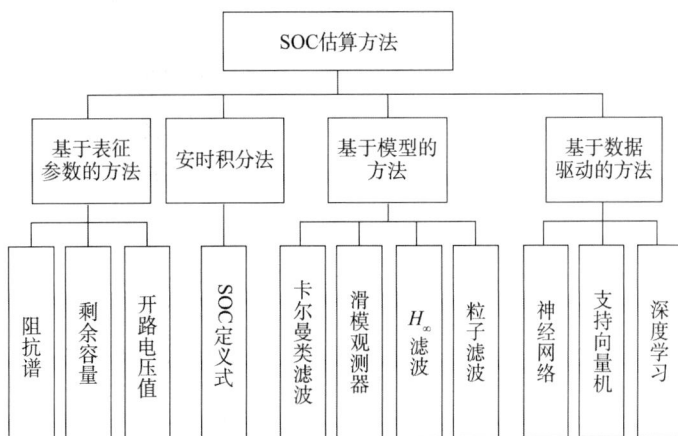

图 1-32　SOC 估算方法

(3)内阻法。

电池的 SOC 与电池的内阻有一定的联系,可以利用电池内阻与 SOC 的关系来预测电池的荷电状态。

2. 内阻检测

电池内阻是电池最为重要的特性参数之一,绝大部分老化的电池都是因为内阻过大而无法继续使用。通常电池的内阻阻值很小,一般用毫欧($m\Omega$)来度量它。不同电池的内阻不同,型号相同的电池由于各电池内部的电化学性能不一致所以内阻也不同。对于电动汽车动力蓄电池而言,电池的放电倍率很大,在设计和使用过程中尽量减小电池的内阻,确保电池能够发挥其最大功率特性。

锂离子电池的内阻不是固定不变的常数,其在使用过程中主要受荷电状态(SOC)和温度等因素的影响。内阻测量是一个比较复杂的过程,目前主要有两种方法——直流放电法和交流阻抗法。

(1)直流放电法。

直流放电法是对蓄电池进行瞬间大电流放电(一般为几十到上百安培),然后测量电池两端的瞬间压降,再通过欧姆定律计算出电池内阻。图 1-33 所示为直流放电测试仪。

(2)交流阻抗法。

交流阻抗法是一种以小幅值的正弦波电流或者电压信号作为激励源,注入蓄电池,通过测定其响应信号来推算电池内阻。该方法的优点在于用交流法测量时间较短,不会因大电流放电对电池本身造成太大的损害。图 1-34 所示为电池内阻测试仪。

图 1-33　直流放电测试仪 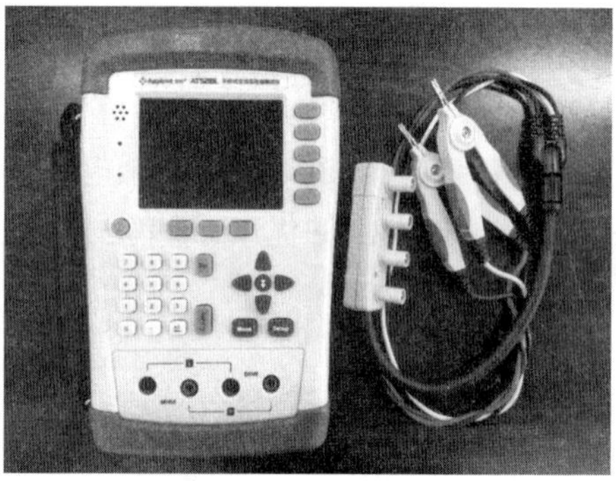　　　　　　图 1-34　电池内阻测试仪

电池内阻测试仪是用来测量电池内部电阻值的仪器,它可以帮助用户了解电池内部状态,以及电池的整体性能和可靠性。其测试原理是电池与测试仪的电极连接后,测试仪首先会将一定电流输入电池中,当输入电流时,电池内部的固有电阻值会抑制电流的流动,从而使电流减小,进而可以测量电池内部阻抗值。

电池内阻测试仪不同于万用表测量电阻的原理,它所测量的值是毫欧级,而万用表测量的值是欧姆级,且万用表只能测无电源对象的阻值,而内阻仪既可测无电源对象的阻值,也可测有电源对象的阻值,它利用内阻阻值的大小来判断电池的劣化状态。电池内阻测试仪的测试结果可以帮助用户了解电池内部的状况,以及电池的整体性能和可靠性。此外,通过测量电池内部电阻值,还可以诊断电池是否有损坏,以及电池是否存在其他异常情况,从而及时处理故障,保证电池的正常使用。

3. 容量检测

电池容量是指在一定条件下(包括放电倍率、环境温度、终止电压等)供给电池或者电池放出的电量,即电池存储电量的大小,是电池另一个重要的性能指标。容量通常以 A·h 或 W·h 表示。安时容量是国内外标准中通用容量表示方法,延续电动汽车中电池的概念,表示一定电流下电池的放电能力,常用于电动汽车电池。图 1-35 所示为电池容量测试仪与测试方法。

电池容量测试的标准流程为:放电阶段→搁置阶段→充电阶段→搁置阶段→放电阶段。具体是用专用的电池充放电设备,在特定温度条件下,对蓄电池以设定好的电流进行放电,至蓄电池电压达到技术规范或产品说明书中规定的放电终止电压时停止放电,静置一段时间,然后再进行充电。

充电一般分为两个阶段。先以固定电流恒流充电,至蓄电池电压达技术规范或产品说明书中规定的充电终止电压时转恒压充电,此时充电电流逐渐减小,至充电电流降至某一值时停止充电,

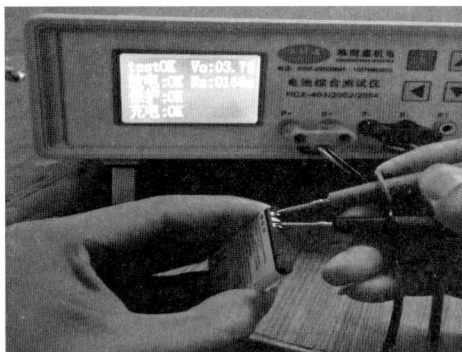

图 1-35 电池容量测试仪与测试方法

充电后静置一段时间。在设定好的环境下以固定的电流进行放电,直到放电终止电压为止,用电流值对放电时间进行积分计算出容量(以 A·h 计)。

4. 寿命检测

电池在使用过程中的容量会逐渐损失,导致锂离子电池容量损失原因很多,有材料方面的原因,也有生产工艺方面的因素。一般认为,当蓄电池使用至只能充满原有电容量的 80% 时,就不再适合继续作为动力蓄电池使用,可以进行梯次利用、回收、拆解和再生。

电池的寿命有循环寿命和日历寿命之分,其中应用最多的是循环寿命。

常规的循环寿命测试方法基本上就是容量测试充放电过程的循环,典型的方法如下:将蓄电池充满电,蓄电池在特定温度和电流下放电,直到放电容量达到某一预先设定的数值,如此连续重复若干次,再将电池充满电,将电池放电到放电截止电压检查其容量,如果蓄电池容量小于额定容量的 80% 终止试验,充放电循环在规定条件下重复的次数为循环寿命数。

5. 一致性检测

电池容量分为单体电池的容量和电池组的容量,在现有的动力蓄电池技术水平下,电动汽车必须使用多块电池构成的电池组来满足使用要求。由于同一类型、同一规格、同一型号电池间在开路电压、内阻、容量等方面的参数值存在差别,即电池性能存在不一致性,使高压电池包在电动汽车上使用时,性能指标往往达不到单体电池原有水平,使用寿命缩短,严重影响其在电动汽车上的应用,有必要对电池组的一致性进行测试与评价。

电池开路电压间接地反映了电池的某些性能,保证电池开路电压的一致,是保证性能一致的一个重要方面。一般采用的方法是将电池静置数十天,测其满电状态下储存的自放电率以及满电状态下不同储存期内电池的开路电压,通过观察自放电率和电压是否一致来对电池的一致性进行评价。

容量是体现电池性能的一个重要参数。可按标准的容量测试流程计算容量,再根据容

量及分布对一致性进行评价。这种方法具有操作简单、设备便宜、厂家易于实施等特点;但工作状态和使用环境不同,都会引起电池电压、容量特性的变化,在指定条件下的容量一致,并不能保证电池在实际充放电过程中保持一致。

二、任务实施

(一)工作准备

(1)安全防护:做好车辆安全防护与隔离(车内外三件套、车轮挡块、警示隔离带等)。

(2)工具设备:数字式万用表、绝缘防护用品、绝缘工具套装、常规工具套装、内阻测试仪、动力蓄电池拆装举升台。

(3)台架车辆:单体电池。

(4)辅助资料:维修手册、教材。

(二)实施步骤

单体电池的检测。以安柏 AT528L 电池内阻测试仪为例,其外观及配件如图 1-36 所示,图 1-37 为其前面板功能说明。

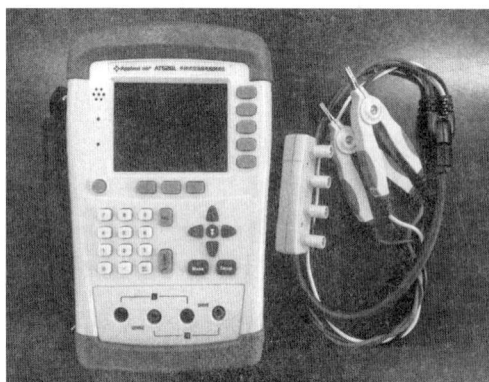

图 1-36 安柏 AT528L 电池内阻测试仪

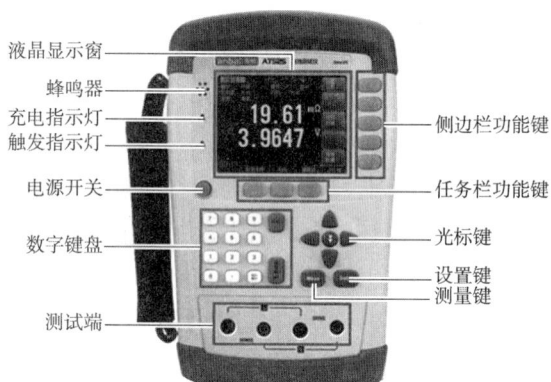

图 1-37 安柏 AT528L 电池内阻测试仪前面板功能说明

液晶显示窗
蜂鸣器
充电指示灯
触发指示灯
电源开关
数字键盘
测试端
侧边栏功能键
任务栏功能键
光标键
设置键
测量键

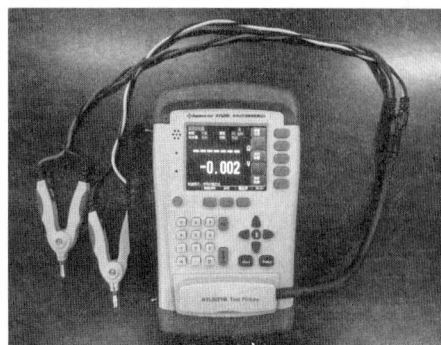

图 1-38 仪器插入测试线

使用安柏 AT528L 电池内阻测试仪检测单体电池内阻的步骤如下。

步骤 1:测试前,将仪器的测试线插入仪器插孔,然后按下电源开关键进行开机,如图 1-38 所示。注意测试线不能反向插入仪器。

步骤 2:按【Setup】设置键,再按侧边栏【短路清零】功能键,进行短路清零校准,如图 1-39 所示。

为了达到技术指标所规定的准确度,短路清零是必须进行的。更换测试夹具或测试电缆,应重新进行短路清零。温度变化很大时,应及时执行短路清零。

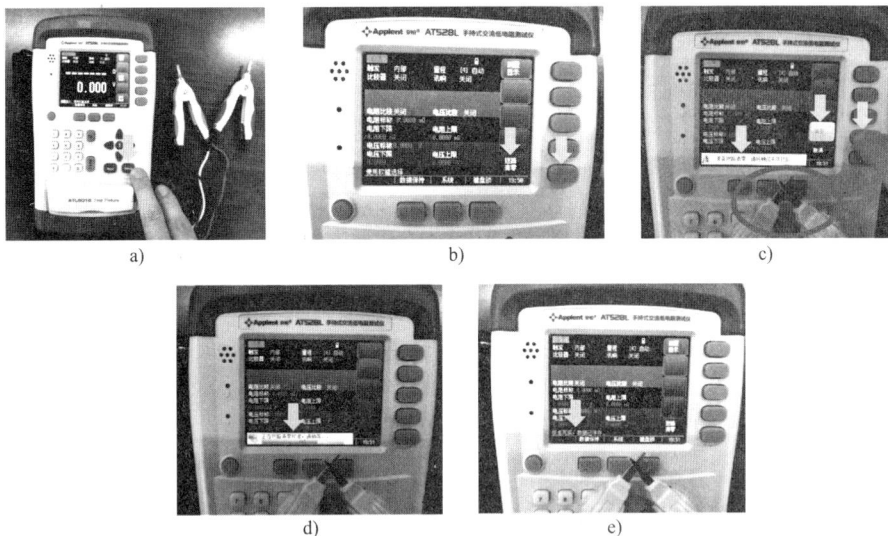

图 1-39　短路清零校准

步骤 3:按【Meas】测量键返回"测量显示"页,将红色测试夹稳固对接电池正极,黑色测试夹稳固对准电池负极,"测量显示"页即会突出显示测量结果,待数值稳定后即为最终测量结果,如图 1-40 所示。

图 1-40　检测单体电池内阻

步骤 4:记录单体电池内阻和电压。如图 1-40 所示,被测电池的内阻为 4.1mΩ,电压为 3.3242V。

步骤 5:关闭测试仪,并整理测试夹。

◆ 习题

一、填空题

1.蓄电池按电池的工作原理分为_____、_____和_____。

2.通常运用最多的锂离子动力蓄电池主要有_____电池、_____电池、_____电池以及_____电池。

3.锂离子电池主要由_____、_____、_____、电解液和_____等组成。

4.磷酸铁锂电池的标称电压为_____V。

5._____是指电池在放电时,电压下降到不宜再继续放电的最低工作的电压值。

6._____是评价电池及电池组是否满足电动汽车加速和爬坡能力的重要指标。

7.放电制度就是电池放电时所规定的各种条件,主要包括_____、_____和温度等。

二、判断题

1.锂离子电池在充电时,负极锂离子的数量逐渐减少,而正极锂离子的数量逐渐增多。 （　　）

2.镍氢电池的正极材料是氢氧化镍,负极材料是镍的储氢合金。 （　　）

3.动力蓄电池的能量密度影响电动汽车的续驶里程。 （　　）

4.锂离子电池的循环寿命为 300 ~ 500 次。 （　　）

5.由于不一致性的影响,高压电池包在电动汽车上使用的性能指标往往达不到电池单体原有水平,使用寿命甚至可能缩短至十几分之一,严重影响电动汽车的性能和应用。 （　　）

6.放电深度是放电容量与额定容量之比的百分数,DOD = SOC - 1。 （　　）

三、选择题

1.镍钴锰三元锂电池的工作电压为（　　）。

    A.2V　　　　　　　　B.3.2V　　　　　　　　C.3.7V　　　　　　　　D.4.2V

2.下列不是超级电容器特点的是（　　）。

    A.输出功率密度高　　　　　　　　B.极长的充放电循环寿命

    C.非常短的充电时间　　　　　　　　D.高温和低温的存储性较差

3.蓄电池容量的单位是（　　）。

    A.V　　　　　　　　B.A　　　　　　　　C.A·h　　　　　　　　D.W·h

4.由于（　　）的作用,电池放电时端电压低于电动势和开路电压。

    A.额定电压　　　　B.实际容量　　　　C.电池内阻　　　　D.能量密度

项目二

高压电池包的认知与拆装

知识目标

(1)能够叙述安全用具和检测仪器的使用方法;

(2)能够叙述常见高压电池包的结构组成;

(3)能够叙述高压电池包拆装的注意事项。

技能目标

(1)能够规范使用安全用具和检测仪器;

(2)能够识别高压电池包的结构部件;

(3)能够正确读取并分析高压电池包数据流;

(4)能够规范拆装高压电池包。

素质目标

(1)能够遵守安全作业要求、注重安全防护;

(2)能够执行检修规范,养成严谨科学的工作态度;

(3)能够正确检查工作结果,并进行自我评估。

▶ 学时:18 学时

任务1 安全用具和检测仪器的认知

任务描述

某荣威 4S 店接到一辆荣威 Ei5 故障车,车主反映起动车辆后仪表蓄电池电量显示为 0,无续驶里程显示,"READY"灯不亮,转向盘也无助力,初步判断为动力蓄电池系统故障,需要进行检修。作为一名维修人员,请你严格按照相关的作业标准,使用动力蓄电池相关检修仪器对该车的动力蓄电池系统进行检修。

一、知识准备

(一)绝缘安全用具

1.绝缘

(1)绝缘的概念。

绝缘是指用不导电的物质(绝缘材料)将带电体隔离或包裹起来,以对触电起保护作用的一种安全措施。

(2)绝缘的必要性。

良好的绝缘是保证设备和线路运行的必要条件,也是防止触电事故、漏电、短路的重要措施。

(3)绝缘材料的作用。

绝缘材料除了不导电的作用外,还具有如散热冷却、机械支撑和固定、储能、灭弧、防潮、防霉以及保护导体等其他作用。

2.绝缘安全用具

绝缘安全用具分为两种:一种是基本绝缘安全用具,是指绝缘强度足以抵抗电气设备运行电压的安全用具。高压设备的基本绝缘安全用具有绝缘棒、绝缘夹钳和高压试电笔等;低压设备的基本绝缘安全用具有绝缘手套、装有绝缘柄的工具和低压试电笔等。另一种是辅助绝缘安全用具,是指绝缘强度不足以抵抗电气设备运行电压的安全用具。高压设备的辅助绝缘安全用具有绝缘手套、绝缘鞋、绝缘垫及绝缘台等;低压设备的辅助绝缘安全用具有绝缘台、绝缘垫及绝缘鞋等。

这里主要介绍新能源汽车拆装及检修工作中常用的绝缘安全用具。

(1)绝缘工具。

绝缘工具采用绝缘材料进行加工,装有耐压1000V以上的绝缘柄,适用于电气系统拆装等操作。使用绝缘工具可以有效防止意外触电事故的发生,新能源汽车涉及高压电气系统部分零部件的拆装必须使用绝缘工具。常用的绝缘工具包括套筒、棘轮扳手、呆扳手、旋具、钳子、剥线刀等,如图2-1所示。

绝缘工具的使用方法与普通工具相同,但是有以下特别需要注意的事项:

①应有专门的工具室存放,室内应通风良好,清洁、干燥。

②如发现绝缘工具损伤或受潮,应及时进行检修和干燥处理,试验合格后方可使用。

③绝缘工具必须按规定定期进行绝缘性能的试验,不符合试验要求的,禁止使用。

(2)绝缘手套、绝缘鞋、绝缘垫。

绝缘手套、绝缘鞋、绝缘垫均为辅助安全用具,可作为低压(1000V以下)工作的基本安全用具。

①绝缘手套(图2-2)是一种用橡胶制成的五指手套,适用于电力行业、汽车和机械维

修,具有保护手或人体的作用,可防电、防水、耐酸碱、防化、防油。新能源汽车涉及高压电气系统部分零部件的拆装及检测时必须使用绝缘手套,其长度至少应超过手腕 10cm。

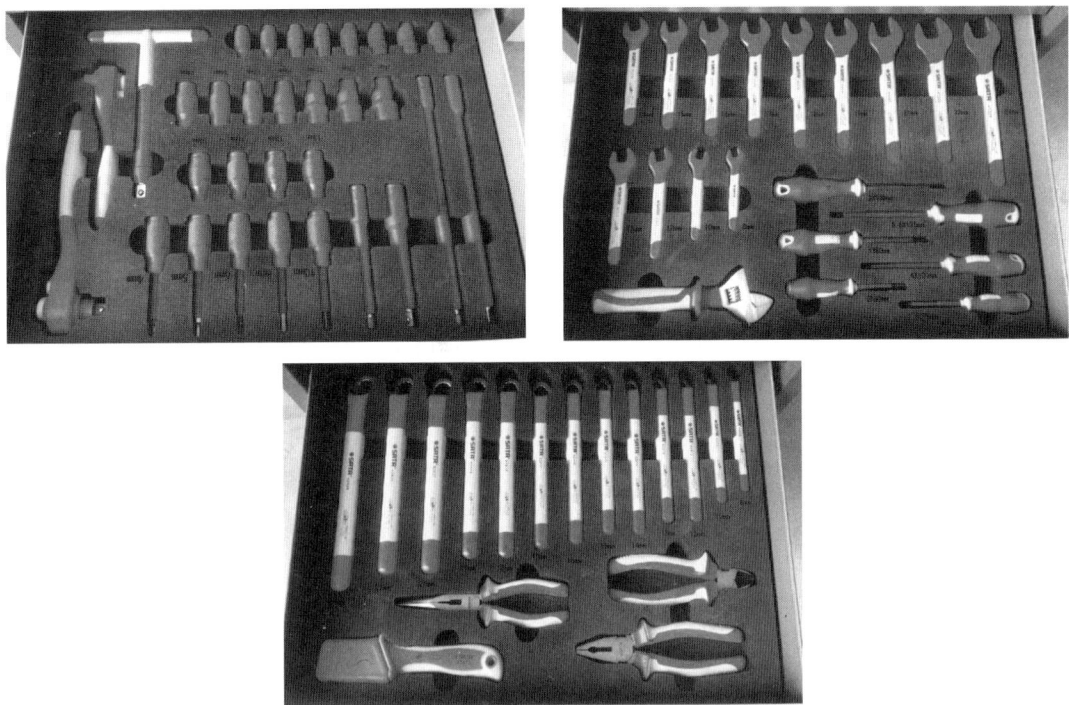

图 2-1 绝缘工具

②绝缘鞋。

绝缘鞋(图 2-3)是使用绝缘材料制成的一种安全鞋,作用是使人体与地面绝缘,防止电流通过人体与大地之间构成通路,对人体造成电击伤害,将触电时的危险降低到最低程度。因为触电时电流是经接触点通过人体流入地面的,它还防止试验电压范围内的跨步电压对人体造成危害,所以电气作业时不仅要戴绝缘手套,还要穿绝缘鞋。

图 2-2 绝缘手套

图 2-3 绝缘鞋

图 2-4 绝缘垫

③绝缘垫。

绝缘垫（图 2-4）主要采用胶类绝缘材料制作，具有较大体积电阻率且耐电击穿，常用于配电等工作场合的台面或铺地绝缘材料。在对新能源汽车涉及高压电气系统部分零部件的拆装及检测时，可铺于脚下起到绝缘作用。

（二）绝缘电阻测试仪

绝缘电阻测试仪也称摇表或兆欧表，是用来将其他仪器或设备的绝缘性以电阻形式测量出来的仪器。因为大部分生活中的绝缘体并非完全绝缘，因此绝缘电阻测试仪可以通过将高压直流电应用到绝缘体上的方法，测量电流并计算电阻。其主要用来检查电器设备、家用电器或电气线路对地及相间的绝缘电阻，以保证这些设备、电器和线路工作在正常状态，避免发生触电伤亡及设备损坏等事故。绝缘电阻测试仪有指针式的，也有数字式的，下面分别进行介绍。

1. 指针式绝缘电阻测试仪

指针式绝缘电阻测试仪主要由磁电系比率表、手摇直流发电机、测量线路三大部分组成，用于测量电气设备的绝缘电阻。磁电系比率表的特点是：其指针的偏转角与通过两动圈电流的比率有关，与电流的大小无关。

正常情况下，电气设备的绝缘电阻数值都非常大，通常为几兆欧至几十兆欧，远远大于万用表欧姆挡的有效量程。在此范围内，万用表刻度的非线性就能造成很大的误差。另一方面，由于万用表内的电池电压太低，在低电压下测量的绝缘电阻不能真实反映在高电压下绝缘电阻的数值。因此，电气设备的绝缘电阻必须用一种本身具有高压电源的仪表进行测量，这种仪表就是兆欧表。虽然兆欧表的种类有很多，但其结构大致相同。图 2-5 所示为常见的手摇兆欧表及其部件的功能。

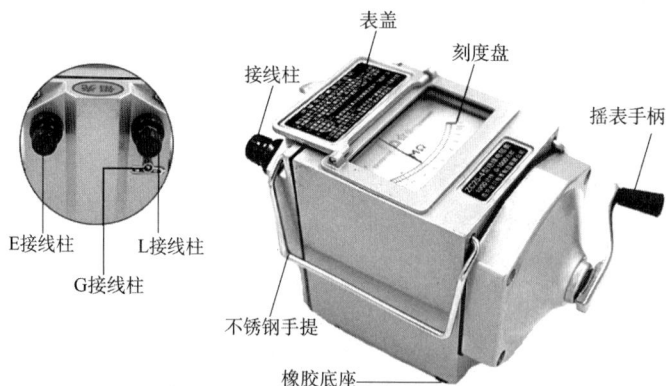

图 2-5 梅格 ZC25B-4 绝缘电阻测试仪

E 接线柱——搭线端，接被测设备的搭铁部分或外壳；

L 接线柱——接线端，接被测设备的导体部分；

G 接线柱——保护环，主要用于电力电缆绝缘电阻的测量。

以梅格 ZC25B 系列绝缘电阻测试仪为例,使用兆欧表检测绝缘电阻的方法如下:

(1)兆欧表的选用。

梅格 ZC25B 系列绝缘电阻测试仪有额定电压分别为 100V、250V、500V、1000V、2500V 的不同规格。在选用兆欧表时,一定要注意兆欧表的电压等级应高于被测物的绝缘电压等级。一般情况下,测量低压电气设备绝缘电阻时可选用 0~200MΩ 量程的兆欧表;测量额定电压在 500V 以下的设备或线路的绝缘电阻时,可选用 500V 或 1000V 兆欧表;测量额定电压在 500V 以上的设备或线路的绝缘电阻时,应选用 1000~2500V 兆欧表。

不论是 500V 还是 2500V 等额定电压的兆欧表,只要在指针不为零的情况下,匀速摇动摇表手柄(约 120r/min),指针就会稳定在表盘的某个位置,根据表盘的显示数值和空格,就可以正确读出所测线路的绝缘电阻。

(2)兆欧表的使用注意事项。

①使用前,应检测兆欧表是否工作正常。

a. 如图 2-6 和图 2-7 所示,在 L、E 两接线柱处在断开状态时,顺时针转动摇表手柄,指针应逆时针转动并指向"∞"位置。

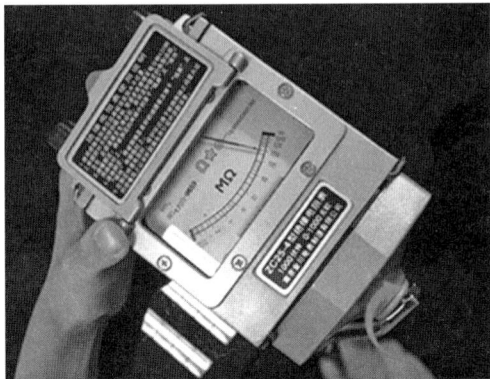

图 2-6　顺时针转动摇表手柄

图 2-7　指针指向"∞"位置

b. 如图 2-8 和图 2-9 所示,将红色表笔接 L 接线柱,黑色表笔接 E 接线柱,短接两个表笔,顺时针转动摇表手柄,指针应顺时针转动并指向"0"位置。

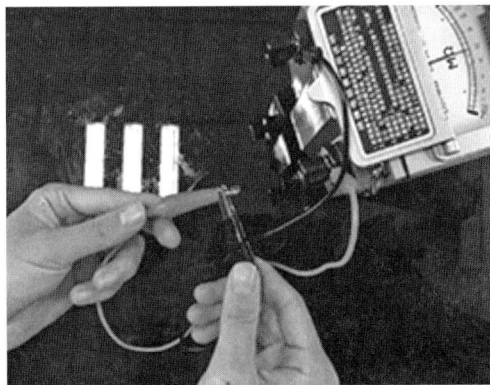

图 2-8　短接 L 接线柱和 E 接线柱

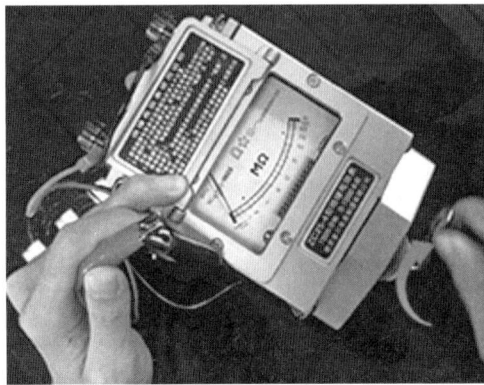

图 2-9　顺时针转动摇表手柄,指针指向"0"位置

这两项都满足要求,说明兆欧表能够正常工作。

②绝缘测试只能在不通电的电路上进行。测量电气设备的绝缘电阻时,必须先切断电源,然后对设备进行放电,以保证人身安全和测量准确。

③兆欧表测量时应放在水平位置,并用力按住兆欧表,防止在摇动中晃动,摇动的速度为120r/min。

④引接线应采用多股软线,且要有良好的绝缘性能,两根引线切忌绞在一起,以免造成测量数据的不准确。

⑤测量完后应立即对被测物放电,在摇表手柄未停止转动和被测物未放电前,不可用手触及被测物的测量部分或拆除导线,以防触电(不能将兆欧表的L端和E端直接短接放电)。

(3)兆欧表的使用。

①检测线路对地的绝缘电阻。

将兆欧表的E接线柱可靠地搭铁(一般接到某一搭铁体上),将L接线柱接到被测线路上,如图2-10所示。连接好后,顺时针摇动兆欧表手柄,转速逐渐加快,保持在约120r/min后匀速摇动,当转速稳定,表的指针也稳定后,指针所指示的数值即为线路对地的绝缘电阻值。

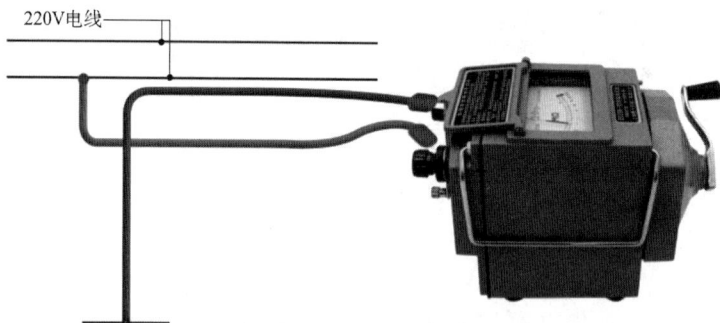

图2-10 检测线路对地的绝缘电阻

注意:切勿带电操作。

②检测电缆的绝缘电阻。

a.检测电缆的导电线芯与电缆外壳的绝缘电阻时,将兆欧表的E接线柱与电缆外壳相连接,L接线柱与线芯连接,同时将G接线柱与电缆壳、芯之间的绝缘层相连接,如图2-11所示,测出的绝缘电阻值即为电缆的导电线芯与电缆外壳的绝缘电阻值。

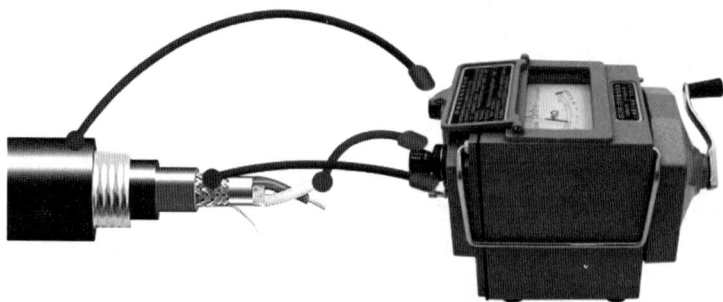

图2-11 检测导电线芯与电缆外壳的绝缘电阻

实际使用中,E、L两个接线柱也可以任意连接,即E接线柱可以与被测物相连接,L接线柱可以与搭铁体连接(即搭铁),但G接线柱决不能接错。

b.检测电缆中两根导电线芯间的绝缘电阻时,将兆欧表的E接线柱与其中一根线芯连接,L接线柱与另一根线芯连接,如图2-12所示,测出的绝缘电阻值即为电缆中两个导电线芯间的绝缘电阻。

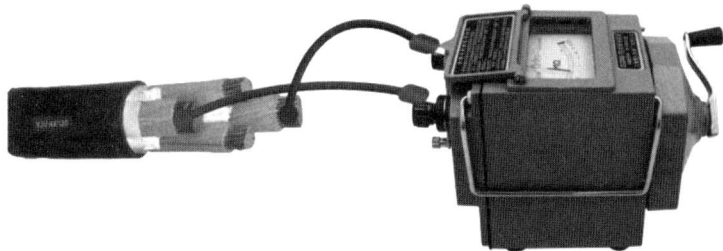

图2-12　检测两根导电线芯间的绝缘电阻

③测量电机的绝缘电阻。

将兆欧表的E接线柱接电机外壳(即搭铁),接线柱L接到电动机某一相的绕组上,如图2-13所示,测出的绝缘电阻值即为某一相的对地绝缘电阻值。

电池高压电缆绝缘
性能的检测

图2-13　检测电机的绝缘电阻

2.数字绝缘电阻测试仪

数字绝缘电阻测试仪是一种由电池供电的测量绝缘电阻的仪器。一般测试电压量程分别有50V/100V/250V/500V/1000V,绝缘电阻测试值高达10GΩ。这类仪器通常是多功能的,除了绝缘电阻测试外,还可以用来进行其他的测量。以福禄克1508绝缘测试仪为例,其外观及配件如图2-14所示。

福禄克1508绝缘测试仪不仅可测量绝缘电阻,还可以测量搭铁耦合电阻以及交/直流电压,其输入端子说明如图2-15所示。Ω端子1连接测量电阻的测试探头,COM端子2连接所测量地线或公共端子的测试探头,V绝缘端子3连接电

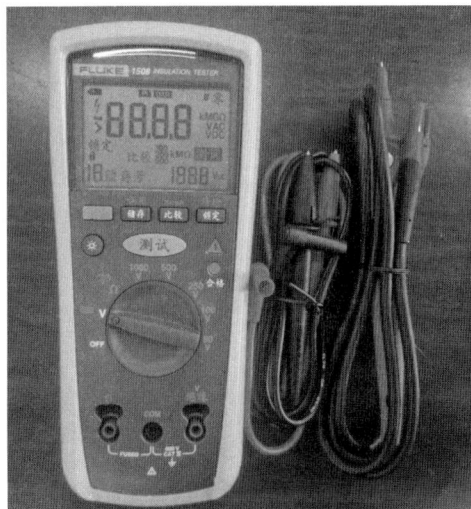

图2-14　福禄克1508绝缘测试仪

压或绝缘测试的测试探头。在使用不同的测试功能时,测试探头应插入相应的端子,且旋钮开关也要选择相应的挡位。

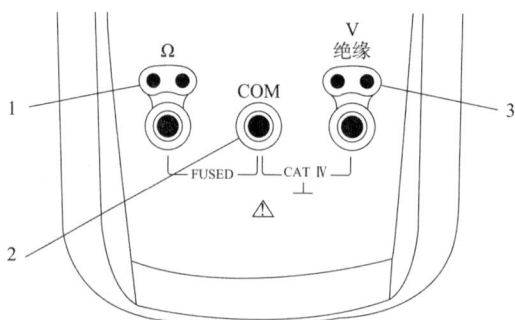

图 2-15　福禄克 1508 输入端子示意图

1-用于电阻测量的输入端子;2-所有测量的公共端子;3-用于电压或绝缘测试的输入端子

使用福禄克 1508 绝缘测试仪检测绝缘电阻的方法如下:

(1)检查仪表、测试探头外观有无损伤,量程是否正确。

(2)将相应测试探头插入 V 绝缘端子和 COM 端子,将旋转开关转至所需要的测试电压,电压选 1000V,如图 2-16 所示。

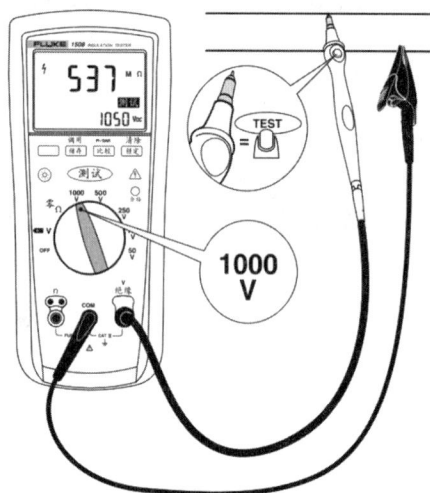

图 2-16　检测绝缘电阻

(3)戴上绝缘手套,将探头与待测电路(或被测件)连接。测试仪会自动检测电路是否通电。

测试仪主显示位置显示"－－－－",直到按测试按钮,此时将获得一个有效的绝缘电阻读数。如果电路中的电压超过 30V(交流或直流)以上,在主显示位置显示电压超过 30V 以上警告的同时,还会显示高压符号(⚡)。在这种情况下,测试被禁止。在继续操作之前,先断开测试仪的连接并关闭电源。

(4)按住测试按钮开始测试。辅显示位置上显示被测电路上所施加的测试电压。主显示位置上显示高压符号(⚡)并以 MΩ 或 GΩ 为单位显示电阻。显示屏的下端出现测试图标,直到释放测试按钮。

当电阻超过最大显示量程时,测试仪显示 ▶ 符号,以及当前量程的最大电阻。电动汽车电池、电缆或电机等部件绝缘阻值读数大于 500Ω/V,说明线路绝缘良好。

(5)继续将探头留在测试点上,然后释放测试按钮。被测电路即开始通过测试仪放电。主显示位置显示电阻读数,直到开始新的测试或者选择了不同功能或量程。

(6)关闭测试仪,并整理测试探头。

(三)汽车故障诊断仪

汽车故障诊断仪(又称汽车解码器)是车辆故障自检终端,用于检测汽车故障的便携式智能汽车故障自检仪,用户可以利用它迅速地读取汽车各控制系统中的状态信息和故障,并通过液晶显示屏显示相关信息,可迅速查明发生故障的部位及原因。汽车故障诊断仪具有读取故障码、清除故障码、读取数据流、读取冻结帧和动作测试等功能,是检测车辆必备的一种工具。

以道通 MaxiSys MS906 汽车故障诊断仪为例,其外观及配件如图 2-17 所示。

图 2-17　道通 MaxiSys MS906 汽车故障诊断仪
1- MaxiSy MS906S 平板设备;2-车辆通信接口 MaxiVCI Mini

使用道通 MaxiSys MS906 汽车故障诊断仪检测电池管理模块(BMS)的方法如下:

(1)将车辆通信接口 MaxiVCI Mini 与车辆诊断座连接,诊断座通常位于车辆仪表板的下部,如图 2-18 所示。

(2)开启 MaxiSys MS906S 平板诊断设备,如图 2-19 所示。应确保平板内置电池电量充足或已连接直流电源。

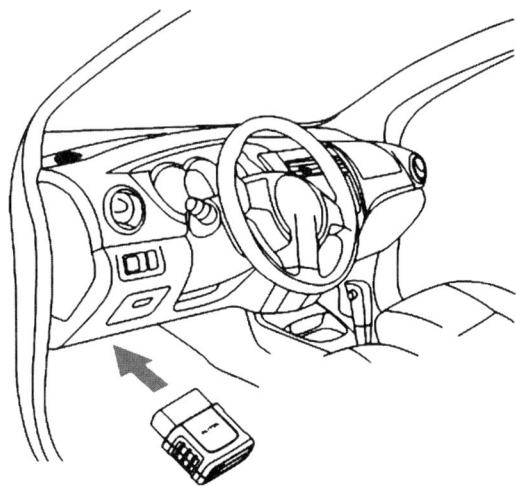

图 2-18　连接诊断插头

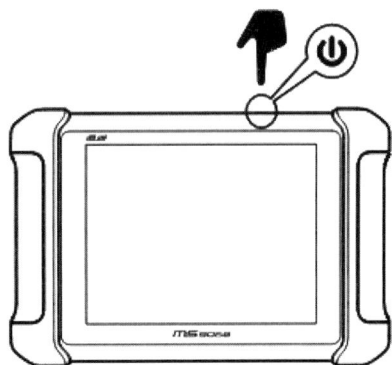

图 2-19　开启诊断设备

(3)通过蓝牙配对建立 MaxiSys MS906S 平板诊断设备和车辆通信接口 MaxiVCI Mini 设备之间的通信,或通过 USB 数据线建立 MaxiSys MS906S 平板诊断设备和车辆通信接口 MaxiVCI Mnin 设备之间的通信。蓝牙通信设备 MaxiVCI Mini 与车辆和 MaxiSys MS906S 平板诊断设备连接好后,屏幕底部导航栏上的 VCI 按钮上将会显示一个绿色的"✅"图标,表示设备已准备就绪,可随时开始车辆诊断,如图 2-20 所示。

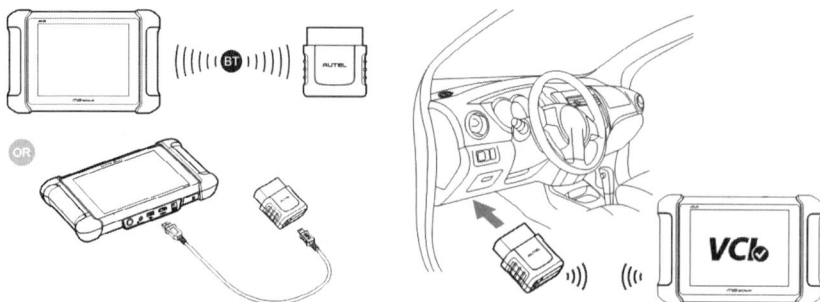

图 2-20　诊断设备与诊断插头建立通信

图 2-21　进入诊断系统

（4）打开车辆点火开关,开启汽车诊断仪,点击"MaxiSys"软件,点击"诊断",进入车辆诊断系统,如图 2-21 所示。

（5）选择需要的车辆品牌和车型(以荣威 Ei5 车型为例),进入对应车型诊断程序,如图 2-22 所示。

（6）点击"控制单元",选择"BMS 电池管理模块",即可对车辆 BMS 进行读电脑信息、故障码、数据流和动作测试等检测工作,如图 2-23 所示。

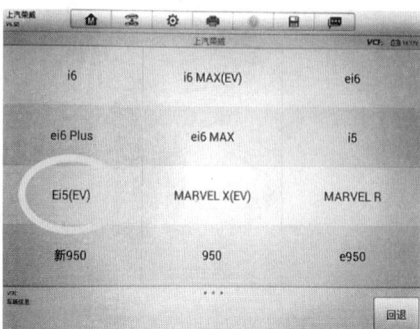

图 2-22　进入车型诊断程序

图 2-23　检测 BMS

二、任务实施

(一) 工作准备

(1) 安全防护:车辆安全防护与隔离(车内外三件套、车轮挡块、警示隔离带等)。

(2) 工具设备:汽车故障诊断仪、兆欧表、绝缘防护用品、绝缘工具套装、常规工具套装、动力蓄电池拆装升降台等。

(3) 实训车辆:荣威 Ei5 整车。

(4) 辅助资料:教材、维修手册、实训任务单。

动力蓄电池
管理控制器的检测

(二) 实施步骤

检测仪器的认知和使用。

步骤 1:起动车辆,仪表蓄电池电量显示为 0,无续驶里程显示,蓄电池电压为 11.9V,"READY"灯不亮,低压蓄电池警告灯和系统故障指示灯点亮,转向盘无助力,如图 2-24 所示。

步骤 2:使用诊断仪自动扫描故障,如图 2-25 所示,系统多个模块显示存在故障,但没有显示出 BMS 模块。

步骤 3:分别读取各模块故障码,均显示 BMS 相关故障,如图 2-26 和图 2-27 所示。怀疑 BMS 模块线路、通信、元件等出现故障,接下来就要依次对 BMS 模块的线路、通信和元件进行检测来验证。

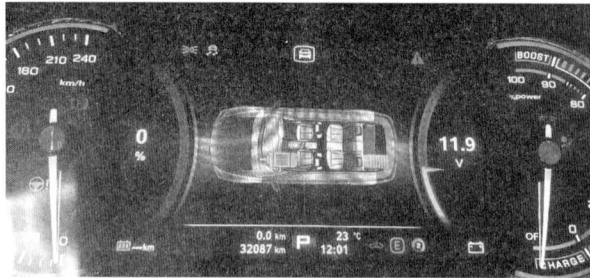

图 2-24 车辆仪表显示情况

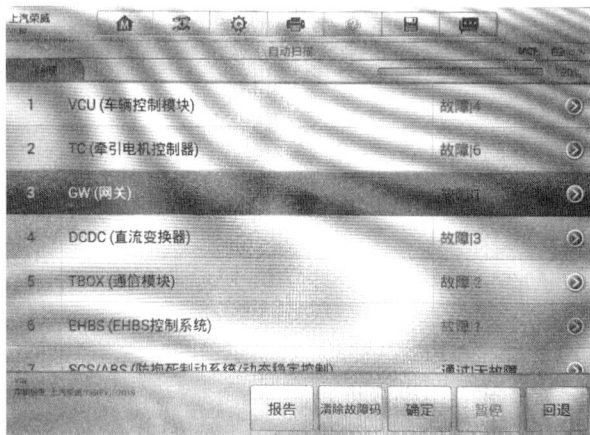

图 2-25 自动扫描故障

图 2-26 网关模块故障码

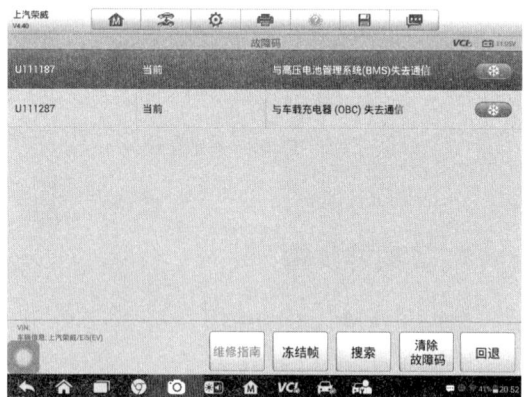

图 2-27 通信模块故障码

步骤 4：检测 BMS 模块线路时发现高压电池包的整车低压连接器插头脱落，关闭点火开关，将插头恢复连接。

步骤 5：重新起动车辆，仪表显示正常，"READY" 灯点亮，如图 2-28 所示。

步骤 6：用诊断仪自动扫描故障，各系统无故障，故障排除，如图 2-29 所示。

步骤 7：车辆及场地清理。作业完成后，需要根据 5S 标准，将车辆及场地清理干净，将工具及设备设施复原,以此养成良好的职业素养,为下一次作业的顺利开展做准备。

图 2-28 仪表显示正常

图 2-29 诊断仪显示无故障

任务2 高压电池包的认知

✎ 任务描述

一位客户来到4S店想要购买一台荣威 Ei5 纯电动轿车,询问荣威 Ei5 车型高压电池包的相关参数,请你为客户介绍一下高压电池包的基本知识。

一、知识准备

(一)高压电池包功用

高压电池包作为电动汽车的动力源,主要为整车提供持续、稳定的能量。作为整车的动力来源,其综合性能直接影响整车的续驶里程。高压电池包主要用于接收和存储由外置充电装置和制动能量回收装置提供的电能,并通过高压配电模块连接高压电池包组件,为电动机、空调压缩机、空调加热器(PTC)、DC/DC 变换器等用电设备提供电能。

(二)高压电池包的位置

目前市场上,纯电动汽车的高压电池包一般安装于汽车底部(图2-30),混合动力电动汽车的高压电池包一般安装于行李舱中(图2-31),电动客车的高压电池包一般安装于下部的行李舱或后舱(图2-32)。

图 2-30 纯电动汽车的高压电池包

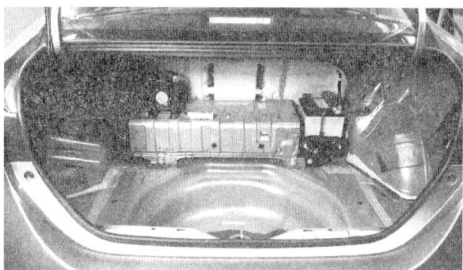

图 2-31 混合动力电动汽车的高压电池包

图 2-32 电动客车的高压电池包

(三)高压电池包的结构及组成

一个完整的高压电池包主要由动力电池模组、电池管理系统、辅助元器件及动力电池箱四部分组成,如图2-33 所示。图2-34 所示为 LH-04048 电池包拆装实训台的高压电池包组成结构图。

比亚迪 E5 动力
蓄电池构造

图 2-33 高压电池包结构图
1-动力电池模组;2-电池管理系统;3-动力电池箱;4-辅助元器件

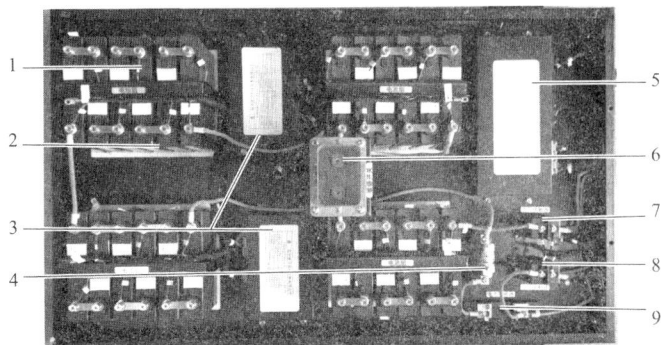

图 2-34　高压电池包的组成结构

1-单体电池;2-电池模组;3-电池信息采集模块;4-熔断丝;5-BMS 控制单元;6-高压维修开关;7-主负接触器;8-主正接触器;9-电流传感器

1.动力蓄电池模组

动力电池模组是由几颗到数百颗电池单体经并联及串联所组成的组合体,电池模组是动力蓄电池在物理结构和电路上连接起来的最小分组,可以作为一个单元替换。例如北汽 EV160 纯电动汽车的高压电池包(图 2-35)组成方式是 1P100S(字母 P 表示并联,字母 S 表示串联),即采用了 100 个磷酸铁锂电池单体串联在一起组成了车辆的动力蓄电池模组。图 2-36 所示为 LH-04048 电池包拆装实训台的高压电池包内部结构,其配有 4 个动力电池模组。

图 2-35　北汽 EV160 高压电池包

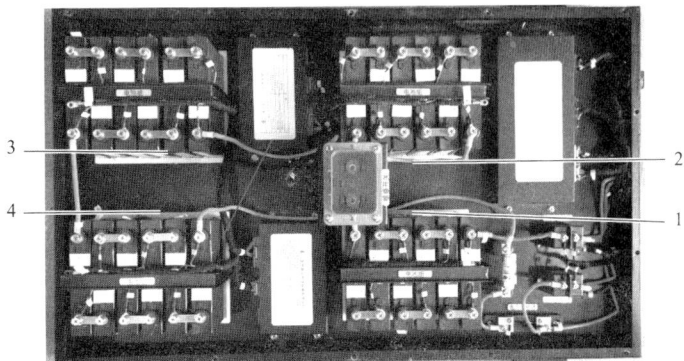

图 2-36　LH-04048 电池包拆装实训台的电池模组

1-电池模组 1;2-电池模组 2;3-电池模组 3;4-电池模组 4

2. 电池管理系统

电池管理系统(BMS)是集监测、控制与管理为一体的控制系统,与动力蓄电池相互配合工作,是保护和管理动力蓄电池的重要部件。BMS由硬件和软件组成,硬件有BMS控制单元、电池信息采集模块,还包括采集电压、电流、温度等数据的电子器件;软件主要用于监测电池的电压、电流、温度、SOC等,通过与整车控制器(VCU)、充电机的通信,来控制动力电池系统的充放电,如图2-37所示为LH-04048电池包拆装实训台的BMS组成部件。

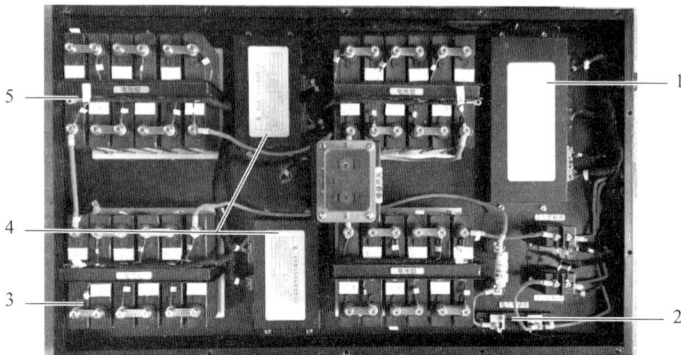

比亚迪E6电动
汽车动力蓄电池构造

图2-37   LH-04048电池包拆装实训台的BMS部件

1-BMS控制单元;2-电流传感器;3-电压采集线束;4-电池信息采集模块;5-温度传感器

3. 动力蓄电池箱

动力蓄电池箱是支撑、固定、包围电池系统的组件,有承载及保护高压电池包各电气部件的作用,主要包含上盖和下托盘,还有辅助元件,如过渡件、护板螺栓等,如图2-38所示。

图2-38   动力蓄电池箱

4. 辅助元器件

高压电池包的辅助元器件包含高压继电器(接触器)、连接线、接插件等电气元件,如图2-39所示。

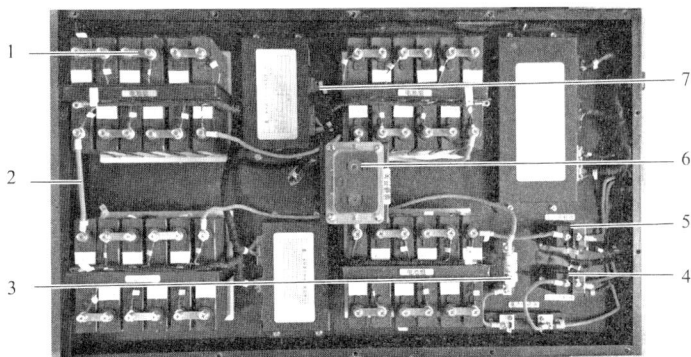

图 2-39　LH-04048 电池包拆装实训台的辅助元器件

1-电池连接片;2-连接导线;3-熔断丝;4-主正接触器;5-主负接触器;6-高压维修开关;7-接插件

5.高压维修开关

高压维修开关是为了确保人车安全,新能源汽车在维修前,通过拔出高压维修开关将高压系统的电源断开。它可以实现高压系统的电气隔离,同时也可以起到短路保护的作用。高压维修开关在电动汽车上的安装位置相较广泛,包括设置位于车厢中部扶手箱内或车厢后部的扶手箱,还有行李舱内或动力蓄电池总成上方等等,因车型不同,需按照车辆维修手册提示进行查找。目前电动汽车的设计正在逐渐淘汰高压维修开关,而用其他传感器来替代。图 2-39 中的元件 6 即为高压维修开关的插座,它的插头如图 2-40 所示。

(四)高压电池包的成组方式

高压电池包的成组方式包括串联、并联与混联,不同的成组方式可以满足不同的用电需求。电池单体串联以满足电压需求,并联以满足容量需求,串并联连接方式同时存在,构成系列模组。

1.典型的成组方式

典型的高压电池包成组方式有先并联后串联、先串联后并联,如图 2- 41a)、b) 所示,混联方式如图 2-41c) 所示。

图 2-40　高压维修开关

2.电池串并联特性

以 32650 电池为例,电池单体的基本参数为:型号 32650,电压 3.2V,容量 5A·h,能量 16W·h,内阻 8mΩ。

①N 个电池串联特性。

总电压为 N 个电池电压之和:$V_总 = N \times 3.2V$。

总容量保持不变,为电池单个容量:$Q_总 = 5A·h$。

总能量为 N 个电池能量之和:$W_总 = N \times 16W·h$。

总内阻为 N 个电池内阻之和:$R_总 = N \times 8mΩ$。

a) 先并联后串联电池组拓扑　　　　b) 先串联后并联电池组拓扑

c) 先并联后串联在并电池组拓扑

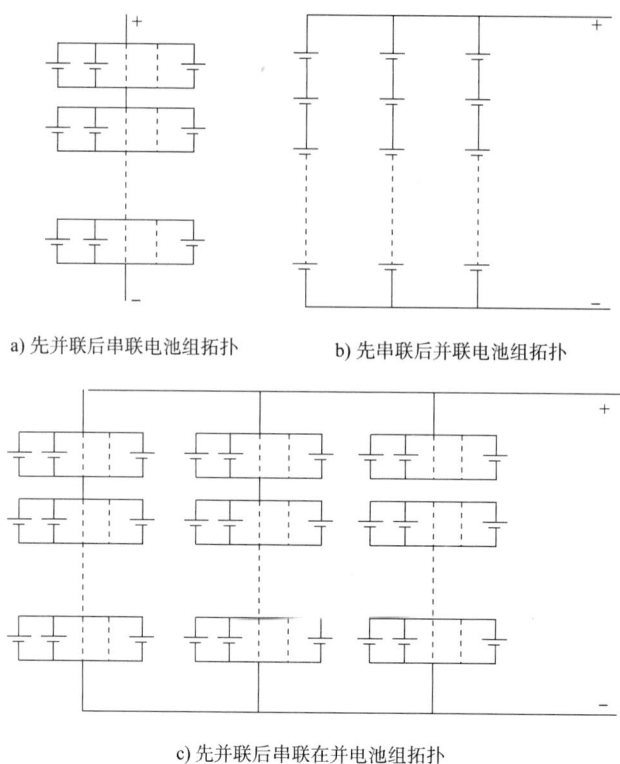

图 2-41　高压电池包的成组方式

② N 个电池并联特性。

总电压为单个电池电压: $V_总 = 3.2V$。

总容量为 N 个电池单体容量之和: $Q_总 = N \times 5A \cdot h$。

总能量为 N 个电池能量之和: $W_总 = N \times 16W \cdot h$。

总内阻的倒数为各电池单体内阻倒数之和,总内阻趋于零。

总之,无论 N 个电池串联还是 N 个电池并联所构成的电池模组,其性能特性可总结为:

总电压为 N 个串联电池单体电压之和。

总容量为 N 个并联电池单体容量之和。

总能量为串并联中所有电池单体能量之和。

总内阻:

$$R_总 = MR/N \tag{2-1}$$

式中: M ——串联电池单体数量;

R ——单体内阻;

N ——并联电池单体数量。

(五) 高压电池包常见术语

(1) 正极与负极:电位较高的电极为正极,电位较低的电极为负极。放电时,外电路电流从正极流经负载流入负极,在电池内部电流从负极流入正极。

实际上只有带负电荷的电子才能流动,放电时电子从电位较低的电极(负极)流出,经外部电路即负载流入电位较高的电极(即正极)。放电时除可称之为正极,由于发生还原反应,也可称之为阴极;而在充电时,则不能称之为阴极,因为此时发生的是氧化反应,而应称之为阳极。阳极发生氧化反应,即失掉电子的反应;阴极发生还原反应,即获得电子的反应。

(2)活性物质:活性物质是指正负极中参加成流反应的物质,能通过化学反应产生电能的材料。

(3)开路电压:电池没有负电荷时,即未充放电时正负极两端的端电压,单位为 V。开路电压值与电池体系及荷电状态有关,如锂离子电池充电的开路电压一般为 $4.1 \sim 4.2$V;充完电后的开路电压一般为 $3.7 \sim 3.8$V。

(4)标称电压:电池 0.2C 放电时全过程的平均电压。

(5)工作电压:电池在工作时(有负荷时)正负极两端的端电压,也叫做闭路电压。工作电压的具体值与电池体系、工作电流(即倍率)、工作温度、充电条件相关。

(6)终止电压:电池放电或充电时,所规定的最低放电时间或最高的充电电压。

(7)额定容量:电池一定倍率放电时的放电容量,容量为 mA·h 或 A·h(1A·h = 1000mA·h)。电池组的额定容量值由厂家根据实际情况确定,一般都低于电芯的额定容量值(不同于手机电池),都留有较大的熔断系数。

(8)实际容量:电池在一定条件下放出的实际电量。

(9)剩余容量:电池剩余的可再继续释放出来的电量。

(10)充电:利用外部电源使电池的电压和电量上升的过程,此时电能转化为化学能。

(11)过充电:超过规定的充电终止电压而继续充电的过程,此时电池的使用寿命及安全性等受到影响。

(12)放电:电流从电池流经外部电路的过程,此时化学能转换为电能。

(13)放电速率:表示放电快慢的一种量度。所用的容量 1h 放电完毕,称之为 1C 放电;5h 放电完毕,则称之为 0.2C 放电。

(14)放电深度:表示电池放电程度的一种量度,为放电容量与额定容量的比值,单位为%,例如,80% DOD,是指放电时放出额定容量的 80% 停止。

(15)过放电:超过规定的终止电压在低于终止电压时继续放电,此时容易发生漏液或使电池的使用寿命受到影响。

(16)自放电:电池在(23 ± 2)℃环境搁置过程中,没有与外部负荷相连接而产生容量损失的过程。

(17)能量密度:能量密度又称为比能量,单位质量或体积所能释放的能量,称为质量比能量或体积比能量,一般用 W·h/L 或 W·h/kg 表示。

(18)功率密度:单位质量或体积所能释放的功率,一般用 W/L 或 W/kg 表示。

(19)内阻:电池正负极两端之间的电阻,电池内阻包括欧姆电阻和极化电阻,欧姆电阻和极化电阻之和称为电池的内阻。欧姆电阻由集流体、电极材料、电解液、隔膜电阻及各部分零件的接触电阻组成。极化电阻是指电化学反应时由极化引起的电阻,包括电化学极化和浓差极化引起的电阻,其值越小性能越佳。大电流放电和低温放电时,内阻对放电特性的影响尤为明显。

（20）循环寿命：在一定条件下，将充电电池进行反复充放电，当容量等电池性能达到规定的要求以下时所能发生的充放电次数。

（21）日历寿命：电池在使用及搁置条件下性能劣化到规定程度时所能需要的时间。

二、任务实施

（一）工作准备

（1）安全防护：做好安全防护与隔离。

（2）工具设备：数字式万用表、电池内阻测试仪、兆欧表、绝缘防护用品、绝缘工具套装、常规工具套装等。

（3）台架车辆：LH-04048 电池包拆装实训台。

（4）辅助资料：教材、维修资料、实训任务单。

（二）实施步骤

高压电池包的认知。

识别并标注图 2-42 中高压电池包的结构及部件。

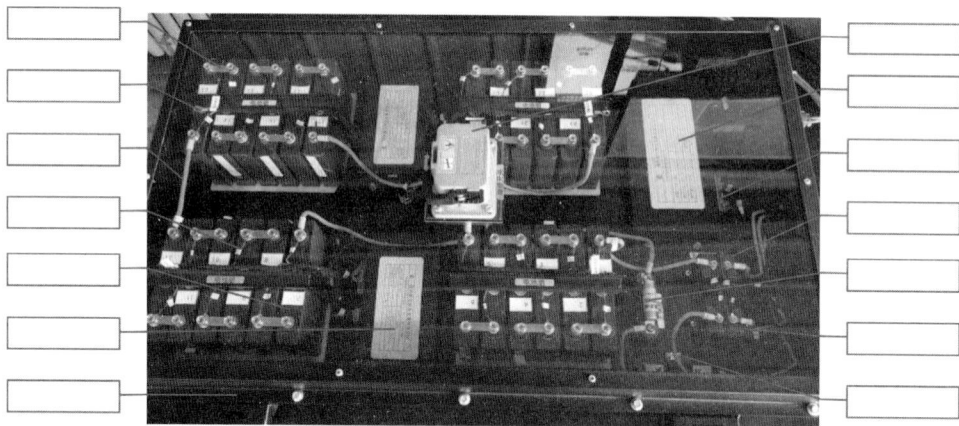

图 2-42　识别与标注高压电池包的结构及部件

任务3　高压电池包的拆卸

任务描述

某荣威 4S 店接到一辆荣威 Ei5 故障车，客户反映车辆故障为无法行驶。经检查，该车辆需要更换高压电池包。你知道如何安全、规范地进行高压电池包拆卸吗?

一、知识准备

(一) 系统概述

高压电池包是电动汽车动力来源,它为整车驱动和其他用电器提供电能。

荣威 Ei5 的高压电池包由动力蓄电池模组、电池信息采集器、串联线、托盘、密封罩、电池采样线组成。其额定总电压为 350V,总容量为 150A·h。

(二) 高压电池包位置

荣威 Ei5 高压电池包布置在整车底部,如图 2-43 所示。

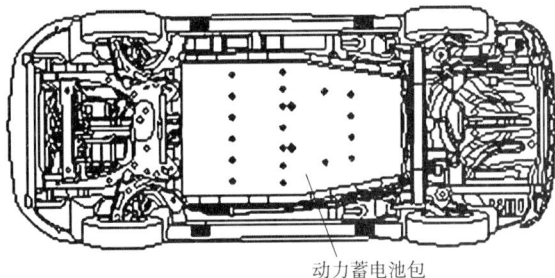

动力蓄电池包

图 2-43 荣威 Ei5 高压电池包位置示意图

(三) 高压电池包拆卸的准备工作

1. 前期准备

必须满足一些前提才允许对高压电池包进行有针对性的修理工作。这些前提条件既涉及经销商也涉及维修人员。拆卸高压电池包之前,技术人员应查看汽车厂家维修信息里有关该部件的拆卸和更换内容。有些维修信息数据库单独列出了拆卸更换程序中的具体部件注意事项。技术人员还应当查看已发布的车辆技术服务公告(TSB),并查看是否有任何 TSB 相关的最新问题可能会影响到拆卸更换程序。

只允许在具有高压电池包维修资质的经销商处对高压电池包进行修理。在具有"基本服务"服务形式的经销商处可拆卸和安装高压电池包,但不能在高压电池包上或内部进行修理。如果根据诊断系统内的检测计划需要进行修理,必须将车辆或高压电池包运送至具有"扩展型蓄电池服务"或"全方位服务"服务形式的经销商处进行修理。

在部件拆卸、更换时可能需要使用专用维修工具(SST)。许多高压电池包,包括一些小型电池组,维修人员必须弯下身去才能顺利取下。有些电池组则必须使用起重机或专用的带吊钩的电池组举升装置才能拆下来。

拆卸大型高压电池包必须使用起重设备才能拆卸,通常应用在插电式混合动力电动汽车或纯电动汽车上。几乎所有大型电池组都为锂离子电池组。许多大型电池组必须从汽车下方进行拆卸,因为大型电池组可重达350kg以上。有些车辆起重机可能没有足够的两侧间隙用以拆卸电池组,特别是拆卸宽度太大的大型电池组。

图2-44　高压电池包拆装升降台

用于支撑和降落电池组的升降台(图2-44)必须能够完全承受电池组的重力。升降台的平台要足够长、足够宽,能够支撑电池组。许多汽车制造商对其高压电池包适用何种规格的升降台有明确的资料介绍。车辆制造商可能建议或要求在动力蓄电池和升降台之间加一个托盘,以减少拆卸和安装过程中高压电池包的挠曲变形。有很多制造商要求将电池组绑在升降台上,然后才能将其落下。在拆卸电池组之前,请务必查看生产商关于高压电池包的拆卸和存储操作步骤。

高压电池包拆装专用工具包括:可移动总成升降台以及用于拆卸和安装高压电池包的适配接头套件,高压电池包电池模组充电器,用于修理高压电池包后进行试运行的性能测试仪,用于拆卸和安装电池模组的起重工具,用于松开高压电池包内部卡了的塑料专用装配工具,用于整个高压电池包的起重横梁,隔离带,带发光条的黄色警示锥筒。

2. 工作区准备

拆卸高压电池包时,检修人员必须准备一个绝缘的工作台用于放置拆下来的高压电池包。如果不使用绝缘的工作台,发生电解质泄漏的高压电池包就会通过工作台短接到地面,当然也可以用绝缘垫铺设在工作台上起绝缘作用。

如果高压电池包的冷却系统为水冷式冷却系统,在拆卸高压电池包之前必须小心,确保尽可能将其冷却回路内的冷却液完全排空。检修人员应将汽车的膨胀水箱出口盖住,使其中的冷却液无法泄漏,并在排空高压电池包的冷却液后将其冷却回路的入口和出口盖住,以确保没有异物进入冷却系统的入口和出口或该高压系统的任何暴露区域。

高压电池包检修工位必须整洁(无油脂、无污物、无碎屑)、干燥(无溢出液体)且无飞溅火花(不靠近车身维修区域),因此必须避免紧靠车辆清洗场所(清洗车间)或车身修理工位。为了防止资质不够者、客户、到访者等未经授权进入工位,以及无法确保高电压本质安全或出现不明状态时,应使用隔离带。离开工作区域时建议竖立发光黄色警告提示。建议对维修工位进行有效的隔离,如图2-45所示。

3. 车辆准备

技术人员在准备车辆时通常应做好以下工作:

确保拉上车辆的驻车制动器,关闭车辆的驱动系统("READY"灯熄灭),断开车辆的

图2-45　维修工位

12V辅助电池,留出足够的时间让变频器电容充分放电,拆下车辆的维修开关。

许多新能源汽车须在车辆12V辅助电池断开连接之前和/或之后采取特殊的防护措施。这些防护措施包括但不限于:

关闭车辆的驱动系统后("READY"灯熄灭),须等待维修手册中规定的时间,然后方可断开12V辅助电池;断开12V辅助电池后,须等待规定的时间,然后方能进行车辆作业。某些客车或货车的舱门须保持打开,才能将车辆的辅助电池重新连接上,而且舱门不能用机械钥匙打开。这种情况下,技术人员必须让舱门保持打开状态,并采取措施以确保舱门不会无意中被其他人关上。某些汽车制造商要求锂离子电池组在拆卸之前必须放电到规定的荷电状态(SOC)以下。也有制造商要求检修人员在电池组拆卸之前必须检查电池组温度传感器的温度显示,确保电池组温度降至规定温度以下。

(四)高压电池包检修的注意事项

检修高压电池包可能会给维修人员带来很多特殊的隐患,原则上只应遵守汽车厂家维修说明中的规定和说明。车辆断电后,"READY"灯关闭,高压电池包还有电。安全措施只能阻断高压电池包的电路,而不能保护电池组本身。因此,相对于在车上进行电池相关的操作,维修技术人员从电动车上拆卸高压电池包并与之直接接触时,会离高压电池包更近,操作会更危险。在高压电池包维护的所有环节,包括诊断、维护、拆卸、搬运、储存和处置,维护技术人员必须在整个过程中小心谨慎,以避免触电、电池组损坏或车辆损坏。

负责检修高压电池包的维修人员必须满足以下重要前提条件:

(1)具有相应资质。只允许具备高压电池包修理资质的维修人员进行这项工作,如通过"高电压本车型车辆作业专业人员"培训、高电压系统培训,特别是高压电池包修理培训的人员。

(2)精准使用诊断系统和专用工具。进行故障查询时应在拆卸和打开高压电池包前使用诊断系统。只有符合检测计划且满足"外部没有机械损伤"前提条件时,才能打开高压电池包并根据检测计划更换损坏组件。

(3)严格遵守维修说明。除更换损坏组件外,不允许对高压电池包内部进行任何修理工作。例如导线束损坏时不允许进行维修,而是只能进行更换。更换损坏组件时,必须严格遵守维修说明中规定的工作要求。使用维修说明中规定的专用工具也非常重要。

维修人员满足所有上述前提条件时,才可准确并高质量地进行高压电池包检修。

二、任务实施

(一)工作准备

(1)安全防护:车辆安全防护与隔离(车内外三件套、车轮挡块、警示隔离带等)。

(2)工具设备:数字式万用表、兆欧表、绝缘防护用品、绝缘工具套装、常规工具套装、动力蓄电池拆装升降台等。

图 2-46　铺设车外三件套

（3）实训车辆：荣威 Ei5 整车。

（4）辅助资料：教材、维修手册、实训任务单。

（二）实施步骤

高压电池包的拆卸。

步骤 1：打开发动机舱盖，铺设车外三件套，避免修车时将车漆弄脏或把车刮花，如图 2-46 所示。

步骤 2：打开车门，铺设车内四件套，即转向盘套、变速杆套、座椅套和脚垫，如图 2-47 所示。

步骤 3：连接解码仪，打开点火开关，如图 2-48 所示。

动力蓄电池的拆卸

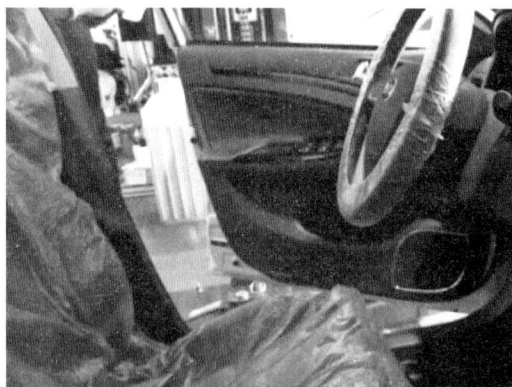

图 2-47　铺设车内四件套

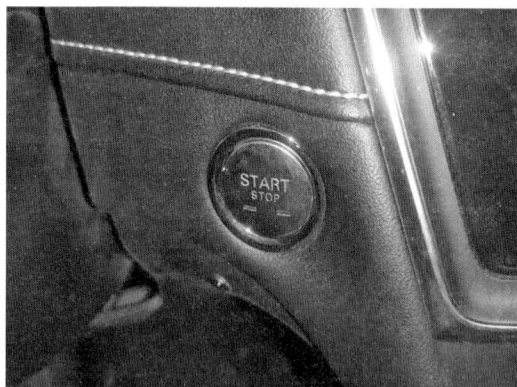

图 2-48　连接解码仪，打开点火开关

步骤 4：读取故障码并进行记录。在诊断仪显示屏界面中选中"诊断"功能，品牌选择"荣威"，车型选择"Ei5"，选择"诊断"功能，选择"自动扫描"，即可读取故障码，将故障码记录到实训任务单中，如图 2-49 所示。

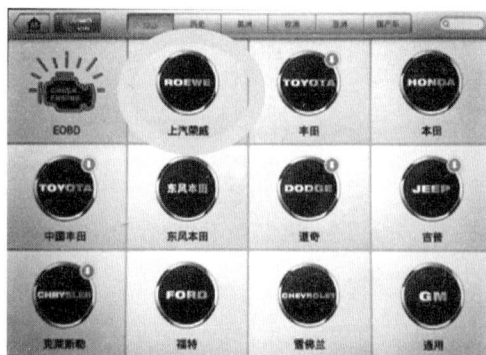

图　2-49

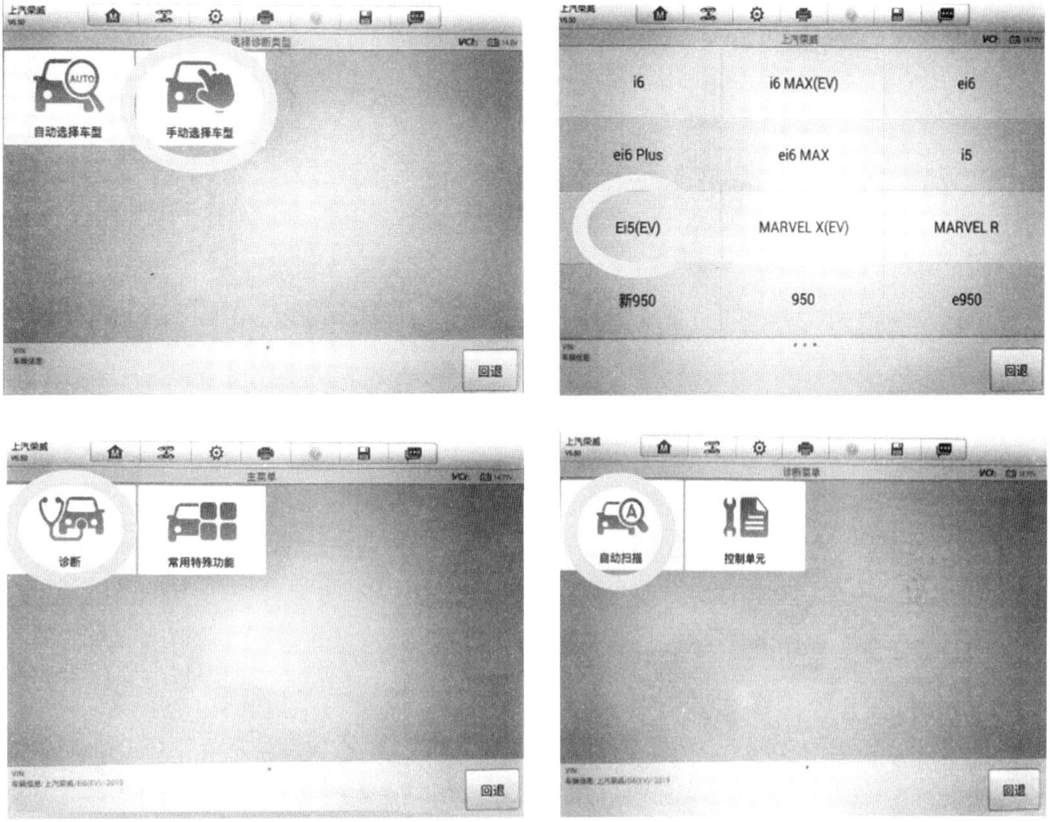

图 2-49　读取故障码

步骤 5：关闭车辆点火开关，打开前舱盖。

步骤 6：拆下将前舱装饰盖固定到车身上的 16 个卡扣，取下前舱装饰盖，如图 2-50 所示。

步骤 7：使用 10 号开口扳手 1 卡住蓄电池负极桩头，将蓄电池传感器(EBS)固定。拆下将蓄电池负极电缆固定到蓄电池传感器上的 1 个螺母 3，如图 2-51 所示。

拆卸蓄电池负极时要注意：

①拆卸蓄电池负极前，必须确保点火开关处于关闭状态，并将车钥匙放在指定位置。

②必须等待 5min 后方可进行下一步操作。正常情况下，在点火开关关闭后，高压系统还存在高压电，这是因为电力电子箱中高压电容的存在造成的。需要经过一段时间的等待，高压电容中的电能才能完全释放。

③注意拆卸过程中不要损坏 EBS。

步骤 8：将湿抹布覆盖在电池冷却膨胀壶盖 4 上，拧开并取下壶盖，如图 2-52 所示。

警告：溢出的蒸汽或冷却液会造成诸如烫伤之类的伤害，所以当冷却系统还热时，不要打开膨胀箱盖。

步骤 9：将举升臂对准车辆四个举升点(图 2-53)并升起 15cm 后停止，检查车辆平衡，确认平衡良好后继续举升车辆至合适位置，最后锁止举升机。举升车辆前，应将举升机支撑块调整移动对准车辆规定的举升点,举升臂应尽量缩到最小长度,并调节举升脚垫以便均匀接触;支撑车辆时,四个支角应在同一平面上,调整支脚胶垫高度使其接触车辆底盘支撑部位,使举升臂升至举升脚垫完全接触车辆,注意检查是否已牢固负载。

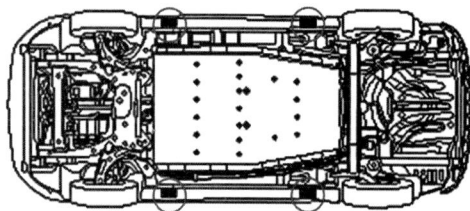

图 2-50　拆卸前舱装饰盖

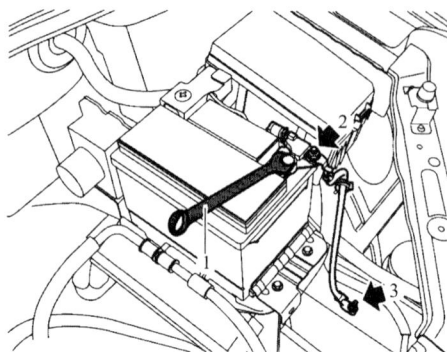

图 2-51　拆卸蓄电池负极

1-10 号开口扳手;2-蓄电池传感器/负极电缆紧固螺栓;3-负极电缆/车身紧固螺母

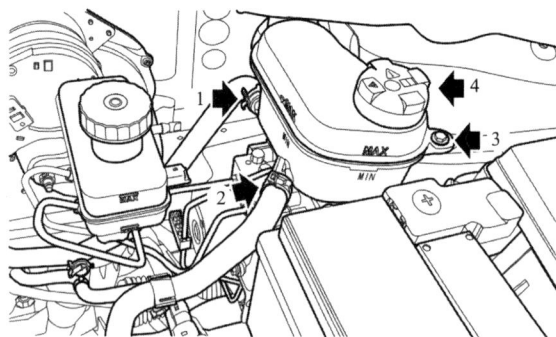

图 2-52　取下电池冷却膨胀壶盖

1-膨胀壶/电子水泵水管卡箍;2-高压电池包/膨胀壶水管卡箍;3-膨胀壶紧固螺栓;4-膨胀壶盖

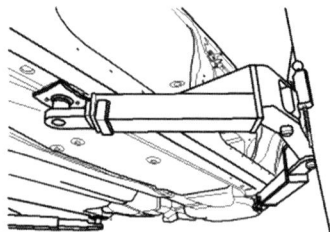

图 2-53　车辆举升点

步骤 10:拆下将底部导流板前部固定到车身底部的 3 个螺栓 1 和后部 3 个小螺栓 2,并拆下将底部导流板固定到前轮罩衬板上的 8 个螺钉 3,取下底部导流板,如图 2-54 所示。

步骤 11:松开卡扣,从高压电池包上拆下手动维修开关(黑色箭头指向的位置),放至安全位置,并将专用工具 TEL00052(手动维修开关替代保护盖工具)安装到手动维修开关底座上,如图 2-55 所示。

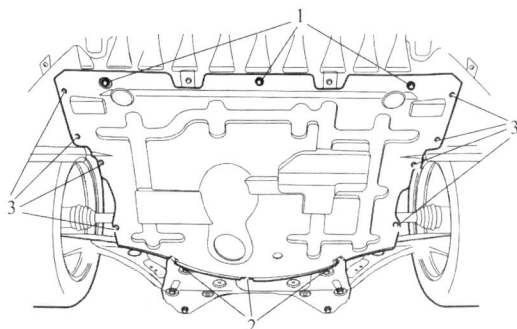

图 2-54　拆卸底部导流板

1-底部导流板前部/车身底部螺栓;2-底部导流板后部/车身底部螺栓;3-底部导流板/前轮罩衬板螺钉

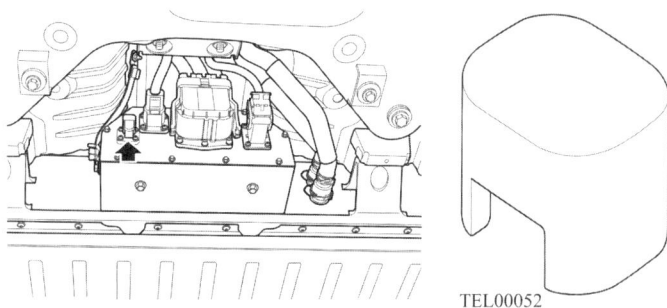

图 2-55　拆卸手动维修开关

黑色箭头-手动维修开关;TEL00052-手动维修开关替代保护盖工具

步骤 12:将合适的容器定位好以便于收集冷却液。松开卡箍 2,断开电池冷却器到高压电池包的连接,如图 2-56 所示,并排空冷却液。

步骤 13:断开高压电池包上的 2 个高压线束连接器 2、低压线束连接器 3,并拆下将高压电池包搭铁线固定到车身上的 1 个螺栓 4,如图 2-57 所示。

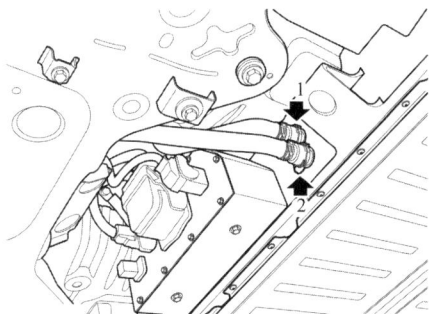

图 2-56　断开电池包冷却液管

1-高压电池包/膨胀壶水管卡箍;2-电池冷却器/高压电池包水管卡箍

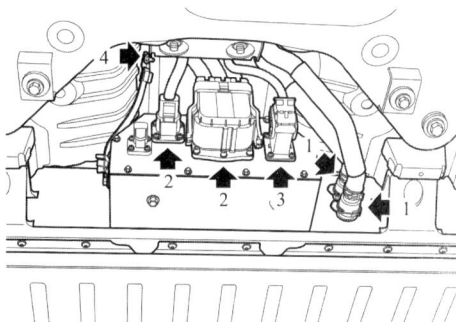

图 2-57　断开连接线束

1-冷却水管卡箍;2-高压线束连接器;3-低压线束连接器;4-高压电池包搭铁线固定螺栓

步骤 14:用万用表(直流电压挡,量程大于 500V)测量高压电池包上高压连接器各端子间、端子与地之间,以及高压线束端高压连接器内的端子之间是否有高压电。如果电压为零,则可以继续拆解。

警告:测量时需穿戴绝缘手套,并单手握两支万用表表笔。

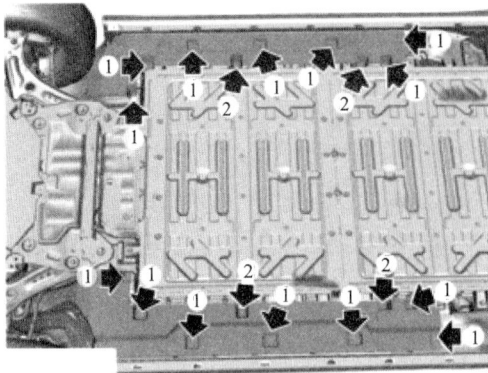

图2-58 拆卸底部制动护板

1-底部制动护板螺栓;2-底部制动护板螺母

步骤15:拆下底部制动护板。拆下将左(右)侧底部制动护板固定到车身上的7个螺栓1和2个螺母2,如图2-58所示,取下两侧底部制动护板。

步骤16:拆下将高压电池包固定到车身上的2个螺栓2。将高压电池包拆装升降台放置于举升工位高压电池包下,调整升降台到合适的位置。缓慢升高升降台直至与高压电池包底部接触。拆下将高压电池包固定到车身上的18个螺栓1,如图2-59所示。利用高压电池包拆装升降台缓慢降下高压电池包,并从举升工位移开。

警告:高压电池包拆装升降台在举升之后,禁止拖动。

步骤17:取抹布清洁电池组表面,然后取任务单记录电池组数据,如图2-60所示。

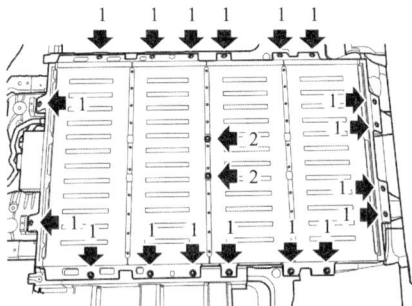

图2-59 拆卸高压电池包固定螺栓

1-高压电池包四周固定螺栓;2-高压电池包
中部固定螺栓

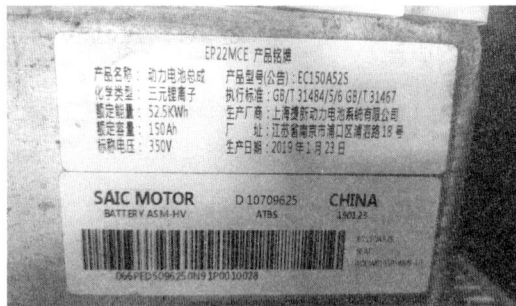

图2-60 取任务单记录电池组数据

任务4 高压电池包的安装

任务描述

某荣威4S店接到一辆荣威Ei5故障车,出现了高压电池包故障,拆下高压电池包检查后发现故障为动力蓄电池内部故障,需要更换整个高压电池包。你知道如何安全、规范地进行高压电池包安装吗?

一、知识准备

(一) 高压电池包的外部特征

高压电池包最重要的外部特征是具有高压导线或高压接口、低压网络通信接口,如图 2-61 所示。为了对高压电池包进行冷却,部分新能源车辆的高压电池包还具有冷却系统(冷却鼓风机、冷却液泵或制冷剂)接口,可在不拆卸高压电池包的情况下断开手动维修开关、导线(高压导线和低压网络通信接口)和制冷管路。高压电池包上的提示牌用于说明所用技术及可能存在的电气和化学危险。高压电池包位于车内空间以外,如果由于严重故障导致电池产生过压,可通过高压电池包壳体上的泄压阀向外排出所产生的气体或进行压力补偿。

图 2-61 荣威 Ei5 高压电池包结构

1-出水口;2-进水口;3-整车低压连接器;4-整车高压连接器;5-充电高压连接器;6-手动维修开关;7-泄压阀

1.机械特征

高压电池包的密封盖一般通过几十个螺栓加密封胶以机械方式与托盘连接在一起。在高压电池包壳体上一般会粘贴有几个提示牌,包括型号铭牌和警告提示牌等,如图 2-62 所示。型号铭牌提供电池组信息(例如电池参数标签和电池编号)和最重要的技术数据(例如额定电压)。警告提示牌提醒注意高压电池包电压较高以及可能存在的相关危险等。

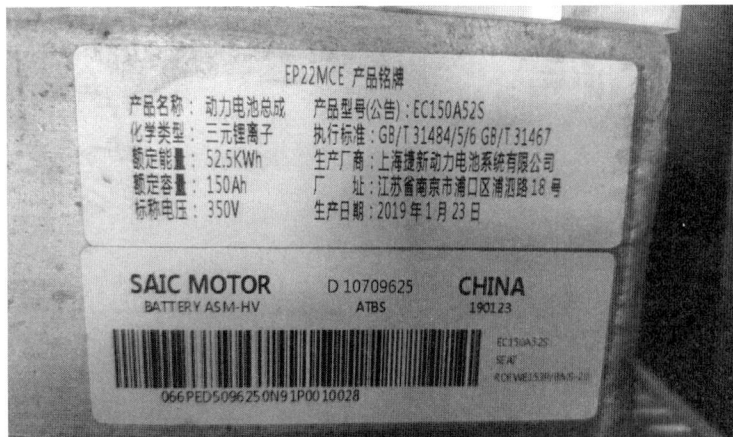

图 2-62 荣威 Ei5 高压电池包铭牌

2. 电气接口

(1)手动维修开关。

手动维修开关(MSD)是一种带熔断器的高压连接器,新能源汽车进行车辆检修时为了确保人车安全,通过拔出 MSD 将高压系统的电源断开。它可以实现高压系统的电气隔离,同时也可以起到短路保护的作用,如图 2-63 所示。

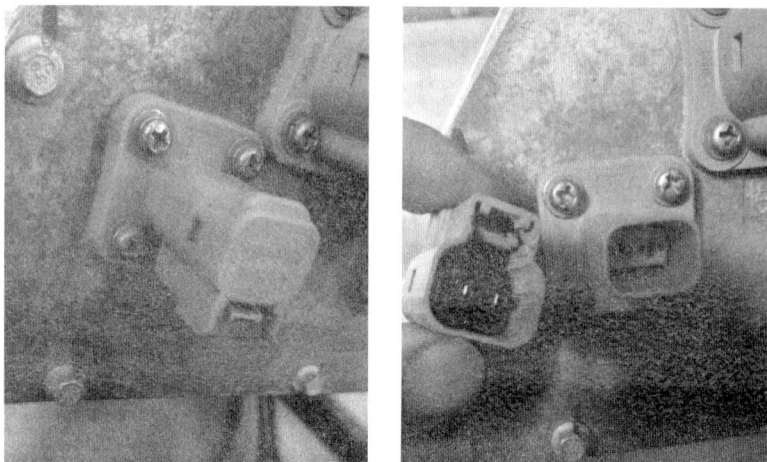

图 2-63　手动维修开关

MSD 电气部位布置一般有两种:一种是位于高压电源的正极,另一种是位于电池组中间。使用 MSD 无须使用工具即可便捷断开高压回路,内有高压互锁功能,是重要的安全防护部件。

(2)整车高压连接器。

在高压电池包上有一个三芯高压连接器,高压电池包通过该接口与高压配电单元(PDU)连接,主要功能是将高压电池包的直流电传输到 PDU 上以及通过快速充电口给高压电池包充电,如图 2-64 所示。

图 2-64　整车高压连接器

(3)充电高压连接器。

高压电池包通过充电高压连接器与高低压充电集成模块相连,主要功能是将外部充电电流经过高压配电单元传输到高压电池包内,如图 2-65 所示。

图 2-65　充电高压连接器

(4)整车低压连接器。

高压电池包通过整车低压连接器为网关、整车控制单元等提供电压、总线信号、传感器信号和监控信号等,如图 2-66 所示。

图 2-66　整车低压连接器

(5)高压互锁电路。

高压互锁电路实质上是一种低压电路,在被断路时向控制模块发出信号,或者当高压电池包的维修开关被部分或完全拆下时主动断开电路。维修开关上的互锁电路通常并不是汽车上唯一的互锁电路,如图 2-67 所示。

新能源汽车基本都会在整车的关键连接部件上使用高压互锁电路,例如在高压电缆连接插头处或保护盖上。这样做的目的是确保在高压系统某部分断路或暴露的情况下,车辆高压系统能够立刻断开。

为了防止维修开关被意外装回,在维修开关安装回车辆后,车辆的高压电路能够连接恢复,但是低压互锁仍处于断开状态。因为维修开关的工作原理

图 2-67　高压互锁电路

为恢复高压部分电路,而互锁装置需确保即使在高压电路被恢复的情况下车辆也不会马上通电,只有在维修开关重新装回且互锁开关也被恢复的情况下,才能完成全部的电路复原。如果技术人员疏忽这最后一步,即便把电池组重新连接回车辆,也无法打开车辆的点火开关使车辆成功上电。而且在这种情况下,汽车的显示屏可能会显示故障码。

(二)高压电池包的安装

1.注意事项

在将大型高压电池包从原包装中取出前,必须确保包装良好,并且所有说明书和资料都完整齐全。有些制造商要求技术人员在安装电池组之前要对电池组外壳进行低压力测试。技术人员通常使用手泵或烟雾机进行检测,目的是确保外壳不会发生泄漏。有些汽车制造商使用特殊的定位销(专用工具),用以帮助引导大型高压电池包安装到位。

2.安装前的准备工作

组装新电池模组前必须使新电池模组的充电状态达到之前读取剩余电池模组的水平。更换所有电池模组时,可使用一个电池模组的电压作为所有其他电池模组的额定充电电压,从而确保充电时间最小化(通过专用充电机读取)。将已拆卸电池组的电池管理器(或电池采集器)安装到新电池组上。

使用经过批准的清洁剂,如酒精、风窗玻璃清洗液、蒸馏水,清洁冷却通道部分和下部电池模组。存在粗杂质时,可在确定原因后使用带塑料盖的普通吸尘器进行清洁。将导热剂涂覆于露出的冷却通道部分。将新电池模组的序列号记录在位置图上,因为稍后需要将其输入诊断系统内。对于带有冷却模块的电池,更换所有电池模组时也要更换冷却模块。

3.安装电池模组

使用专用工具小心抬起电池模组包括电池管理器(或电池采集器),在此要注意相邻部件,特别是高电压导线。使用绝缘套筒头安装电池模组的螺母并按规定力矩拧紧。将BMS导线束的插头与BMS连接在一起。安装并固定拆下的隔板,插上相关电池模组的高电压插头。连接电池模组与壳体上所固定导线之间的高压导线。

应将新电池模组的序列号及其在高压电池包内的安装位置记录在从诊断系统中打印的单子上。在诊断系统内有一项服务功能用于修理后进行高压电池包试运行。在此必须将新电池模组的序列号输入电池管理系统内。

4.安装高压电池包的密封盖

检查密封盖下部件的密封面并清除可能存在的污物。在另一人的帮助下小心放上密封盖。在此必须注意不要让尖锐棱边接触密封垫。使用工具工作前必须用手小心安装紧固螺栓,否则存在密封盖下部件螺纹损坏危险。使用工具按规定力矩拧紧紧固螺栓。

5.将高压电池包安装在车上

佩戴绝缘手套,用万用表测试新的高压电池包母线是否有电压输出,没有电压输出才可安装。使用高压电池包升降台将高压电池包移回车辆下方。抬起高压电池包时必须注意锁止件和中间位置,而且不允许将高压电池包升降台抬得过高,要确保平整、密封。佩戴绝缘手套,安装高压电池包的紧固螺栓,荣威Ei5高压电池包螺栓的紧固力矩为55~65N·m。

6.电气诊断与试运行

佩戴绝缘手套,接高压电池包直流母线插接件,然后接电池管理系统或电池信息采样通信线插接件,装上低压电池负极,整车上电,在诊断系统内进行高压电池包检测诊断(写入该电池组的实际容量及 SOC、删除故障码等),最后对整车进行试运行,确保无故障。

(三) 高压电池包的测试及匹配

1.高压电池包装车前的性能测试

为确保一次性安装,部分新能源汽车在高压电池包装车前,需要使用专用测试仪进行最终测试,以宝马新能源汽车为例,专用测试仪如图2-68所示。

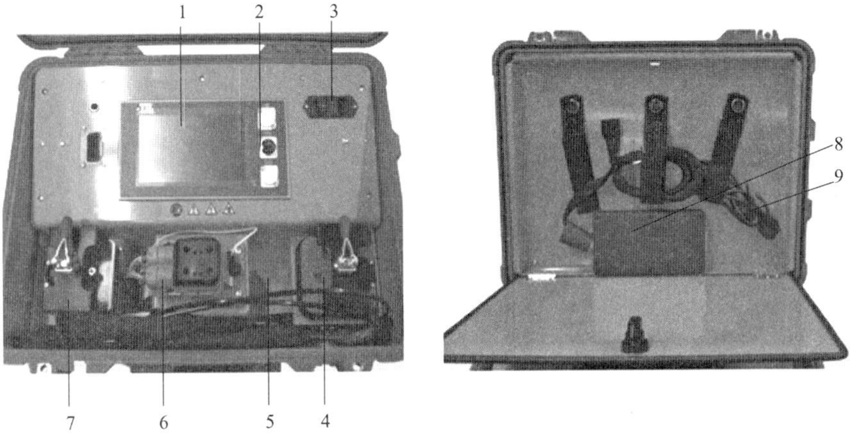

图 2-68　专用测试仪

1-触摸屏;2-USB 接口;3-网络电缆和主开关接口;4-i3 加压钟形罩;5-连接电缆;6-高电压插头;7-i8 加压钟形罩;8-用于高电压测试的继电器盒;9-网络电缆

安装前必须使用专用测试仪进行测试。安装适用于排气单元的检测适配器。连接用于压力接口、高压插头和低压车载网络插头的检测接口,如图2-69所示。

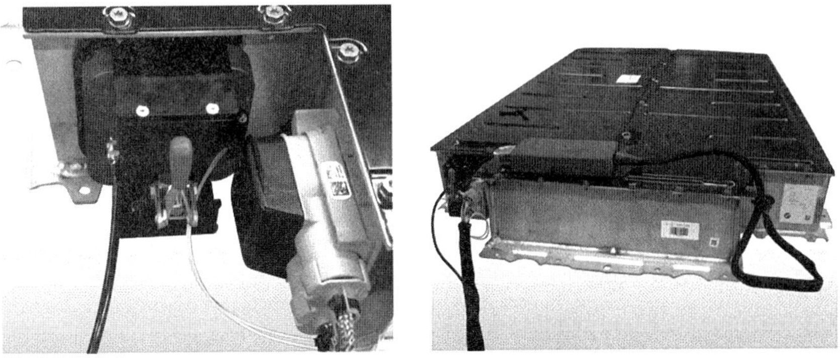

图 2-69　测试高压电池包

开始进行整体性能测试。首先进行密封性测试,随后进行耐压强度、绝缘电阻和绝缘监控测试,然后读取故障码存储器记录,如果没有故障就会输出测试代码。识别出故障码存储器记录时,如果是从车上拆下高压电池包前通过诊断系统读取时便存在这些故障,可在诊断系统内重新将其调出,询问客户是否增项处理。如果增加了新的故障码存储器记录,必须为了明确识别以及出于安全原因将高压电池包装入车内,从而通过诊断功能调出相关故障及进行故障排除。

2.高压电池包装车后的匹配

荣威 Ei5 车辆更换高压电池包时,必须使用诊断设备在 BMS 中进行电池匹配,否则将引发行驶掉电快、SOC 跳变等问题,如图 2-70 所示。

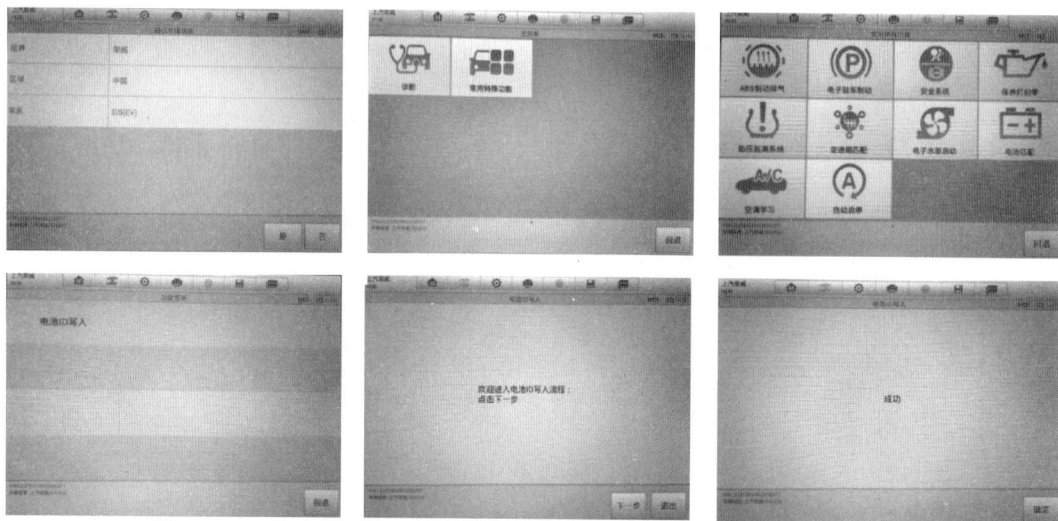

图 2-70　电池匹配

二、任务实施

(一)工作准备

(1)安全防护:车辆安全防护与隔离(车内外三件套、车轮挡块、警示隔离带等)。

(2)工具设备:数字式万用表、兆欧表、绝缘防护用品、绝缘工具套装、常规工具套装、动力蓄电池拆装升降台、充电桩等。

(3)实训车辆:荣威 Ei5 整车。

(4)辅助资料:教材、维修手册、实训任务单。

(二)实施步骤

高压电池包的安装。

步骤1:检测高压母线绝缘性,如图 2-71 所示。用绝缘电阻测试仪测量电池组高压母线绝缘性,红表笔搭极柱,黑表笔搭外壳。将挡位调至 1000V,持续按住红表笔上的测试

图 2-71　检测高压母线绝缘性

按钮,显示 11GΩ,远大于 500Ω/V,表示正常。

步骤 2:检测高压电池包绝缘性,如图 2-72 所示。测量电池组绝缘性,注意电池组插接件共有 3 个极柱,都需要进行测试。红表笔搭插接件极柱,黑表笔搭外壳,挡位仍保持在 1000V,持续按住红表笔上的测试按钮,显示 700MΩ,远大于 500Ω/V,表示正常。

步骤 3:检查高压电池包紧固螺栓,如图 2-73 所示。用手电筒检查电池组螺栓螺纹,检查螺栓配件是否齐全。

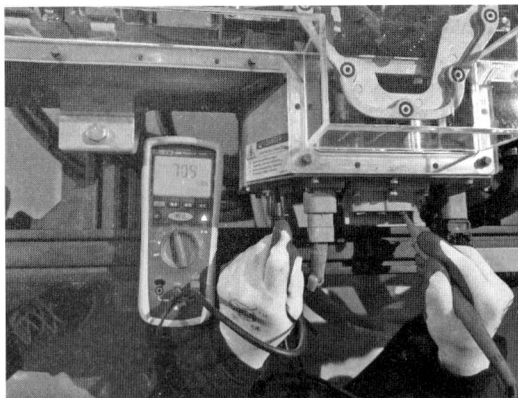

图 2-72　检测高压电池包绝缘性

图 2-73　检查紧固螺栓

步骤 4:在举升机上举升车辆。使用高压电池包升降台缓慢升起高压电池包,调整升降台位置使其处于高压电池包安装的合适位置。

警告:不能在只有千斤顶支撑的车辆下工作。必须把车辆支撑在安全的支撑物上。

步骤 5:继续抬升高压电池包升降台,直至高压电池包的安装面与车身安装面接触。

警告:高压电池包升降台在举升之后,禁止拖动。

步骤 6:将高压电池包固定到车身上,装上 18 个螺栓,如图 2-74 中的 1,拧紧到 55～65N·m,并检查紧固力矩。

步骤 7:降下高压电池包升降台,并从举升工位移走。将高压电池包固定到车身上,装上 2 个螺栓,如图 2-74 中的 2,拧紧到 55～65N·m,并检查紧固力矩。

步骤 8:安装底部制动护板。如图 2-75 所示,将左(右)侧底部制动护板固定到车身上,装上 7 个螺栓 1 和 2 个螺母 2,螺栓拧紧至 4～6N·m,螺母拧紧至 4～6N·m,并检查紧固力矩。

步骤 9:将高压电池包搭铁线固定到车身上,如图 2-76 所示,装上 1 个螺母 4,拧紧到 7～10N·m,并检查紧固力矩。

步骤 10:如图 2-76 所示,分别连接上高压电池包的 2 个高压线束连接器 2 和 1 个低压线束连接器 3。

步骤 11:如图 2-76 所示,连接上 2 个高压电池包冷却水管 1。

步骤 12:如图 2-77 所示,取下手动维修开关替代保护盖工具(TEL00052),安装手动维修开关。

步骤 13:如图 2-78 所示,装上底部导流板;装上将底部导流板固定到车身上的 3 个螺栓

1,拧紧到2.5～3.5Nm,并检查紧固力矩;装上将底部导流板与轮罩衬板固定的8个螺钉3,拧紧到2.5～3.5Nm,并检查紧固力矩;装上底部导流板与前保险杠固定的3个螺栓2,拧紧到4～6Nm,并检查紧固力矩。

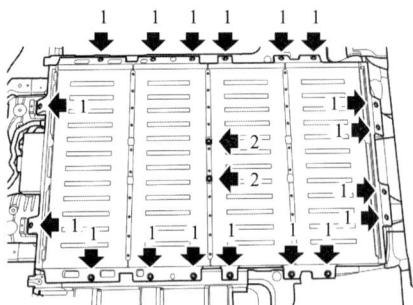

图 2-74　安装高压电池包固定螺栓
1-高压电池包四周固定螺栓;2-高压电池包
中部固定螺栓

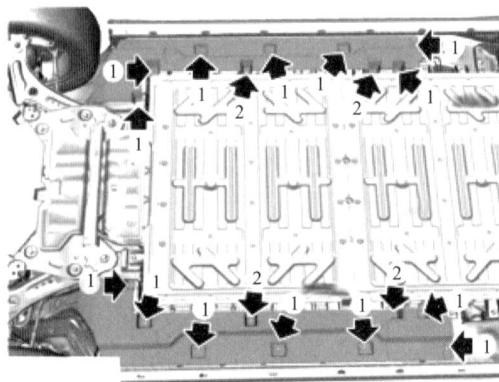

图 2-75　安装底部制动护板
1-底部制动护板螺栓;2-底部制动护板螺母

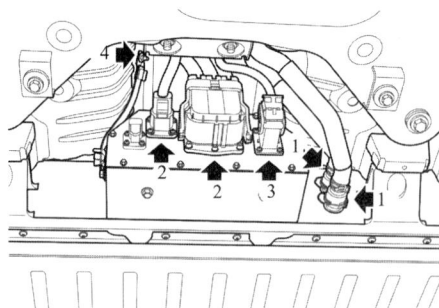

图 2-76　高压电池包线束连接器示意图
1-冷却水管卡箍;2-高压线束连接器;3-低压线束连接器;4-高压电池包搭铁线固定螺栓

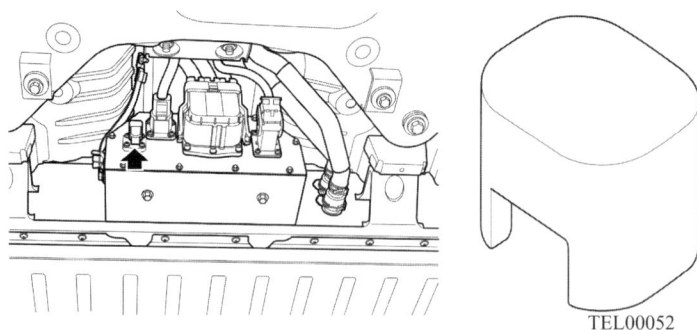

TEL00052

图 2-77　安装手动维修开关
黑色箭头-手动维修开关;TEL00052-手动维修开关替代保护盖工具

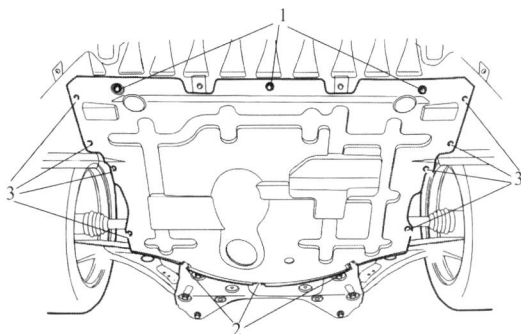

图 2-78　安装底部导流板

1-底部导流板前部/车身底部螺栓;2-底部导流板后部/车身底部螺栓;3-底部导流板/前轮罩衬板螺栓

步骤 14:拉开举升机保险机构,按下下降按钮,如图 2-79 所示,使车辆缓慢下降至举升臂落到最低位置为止,移开举升臂。

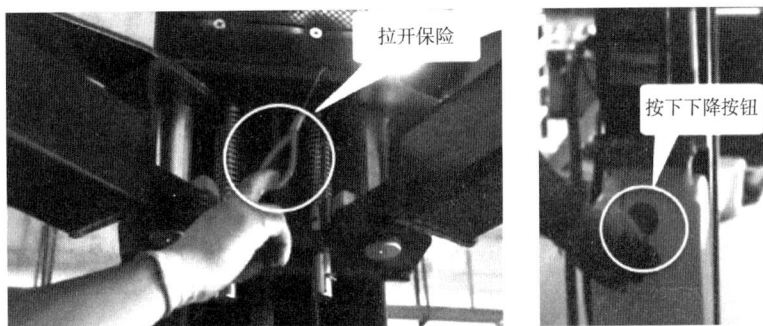

图 2-79　降下车辆

步骤 15:加注高压电池包冷却液,直到冷却液液位到达膨胀壶 MIN 至 MAX 之间并保持静止,如图 2-80 所示。

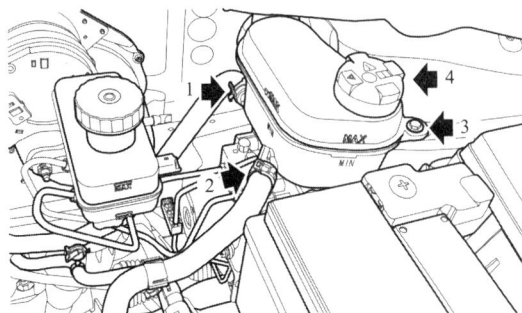

图 2-80　加注高压电池包冷却液

1-膨胀壶/电子水泵水管卡箍;2-高压电池包/膨胀壶卡箍;3-膨胀壶紧固螺栓;4-膨胀壶盖

步骤 16:连接蓄电池负极,连接诊断仪,在诊断仪显示屏界面中选中"新能源"功能,品牌选择"上汽荣威",车型选择"Ei5",选择"诊断"功能,选择"自动扫描",等待扫描完成后,点击"清除故障码",最后点击"确定"清除故障码,如图 2-81 所示。

步骤 17:如图 2-82 所示,诊断仪进入荣威 Ei5 车型的 BMS 模块,选择"动作测试",选择

"高压电池组冷却泵控制",强制让冷却泵运转。如发现膨胀壶中冷却液未有下降,有可能水泵在空转。考虑用加压工具辅助,迫使冷却液流到冷却泵进水端。让冷却泵运转 5min 左右,检查高压电池包冷却液膨胀壶冷却液液位,如有下降,把冷却液液位补充至 MIN 和 MAX 之间。

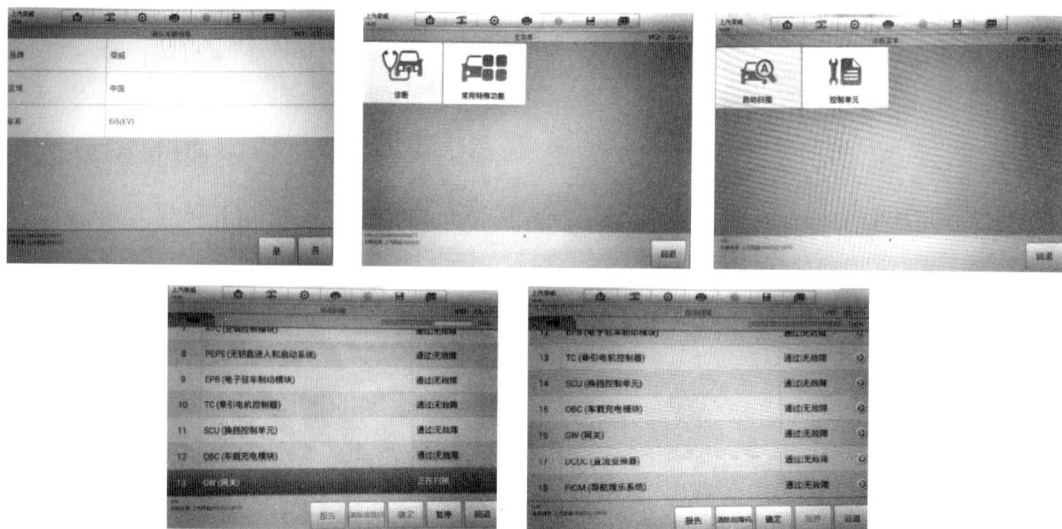

图 2-81　清除故障码

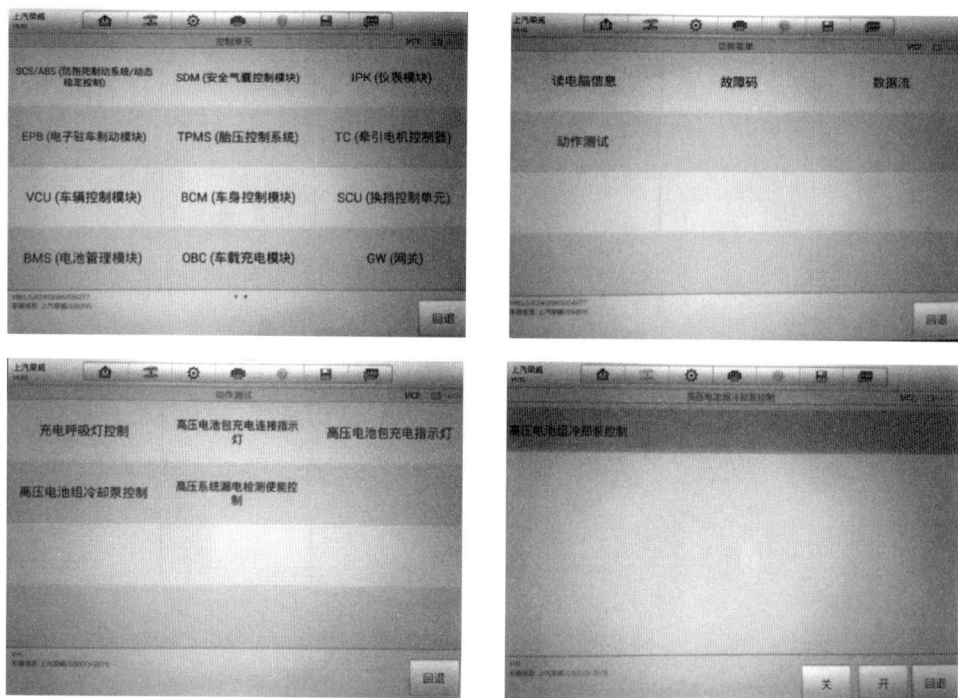

图 2-82　冷却泵控制

步骤 18:如图 2-80 所示,装上并拧紧电池冷却液膨胀壶盖 4,检查冷却系统有无泄漏。

⊙ 习题

一、填空题

1.电动汽车电池、电缆或电机等部件绝缘阻值读数大于_____Ω/V,说明线路绝缘良好。

2.动力蓄电池组主要由_____、_____、_____及动力蓄电池箱四部分组成。

3.荣威 Ei5 的高压电池包额定总电压为_____V,总容量为_____A·h。

4.在拆卸高压电池包高低压线束连接器前,应断开_____。

5.高压电池包通过整车低压连接器为_____、_____等提供电压、总线信号、传感器信号和监控信号等。

二、判断题

1.低压设备的基本绝缘安全用具有绝缘手套、装有绝缘柄的工具和低压试电笔等。
(　　)

2.正常情况下,在点火开关关闭后,高压系统还存在高压电,这是因为电力电子箱中高压电容的存在造成的。需要等待5s后,高压电容中的电能才能完全释放。(　　)

3.BMS 硬件有 BMS 控制单元、电池信息采集模块,还包括采集电压、电流、温度等数据的电子器件。
(　　)

4.手动维修开关是为了确保人车安全,新能源汽车在维修前,通过拔出手动维修开关将高压系统的电源断开。
(　　)

5.荣威 Ei5 高压电池包的冷却方式为风冷。
(　　)

三、选择题

1.绝缘工具采用绝缘材料进行加工,装有耐压(　　)以上的绝缘柄,适用于电气系统拆装等操作。

A.220V　　　　　　B.380V　　　　　　C.500V　　　　　　D.1000V

2.(　　)也叫摇表或兆欧表,是用来将其他仪器或设备的绝缘性以电阻的形式测量出来的仪器。

A.万用表　　　　B.示波器　　　　C.故障诊断仪　　　D.绝缘电阻测试仪

项目三

充电系统的认知与检测

知识目标

(1) 能够叙述纯电动汽车充电系统的常见术语；

(2) 能够叙述纯电动汽车充电系统的组成及原理；

(3) 能够叙述纯电动汽车充电操作的注意事项；

(4) 能够叙述交流充电系统的结构及原理。

技能目标

(1) 能够识别纯电动汽车充电系统的结构部件；

(2) 能够使用纯电动汽车的充电设备；

(3) 能够进行交流充电系统的故障诊断。

素质目标

(1) 能遵守个人和车间安全作业要求、注重个人安全防护；

(2) 能严格执行汽车的检修规范,养成严谨科学的工作态度；

(3) 能正确地检查工作结果并进行自我评估。

▶ 学时：12 学时

任务 1　充电系统的认知

任务描述

李先生拥有一台纯电动荣威 Ei5 汽车,一天准备外出前检查了电量,发现他的汽车电量偏低需要充电,纯电动汽车的续驶里程是保证电动汽车稳定行驶的前提,备上一组备用电池也不可能,那么纯电动汽车是如何充电的呢?

一、知识准备

(一) 充电系统基本术语

目前,我国的插电式混合动力电动汽车与纯电动汽车对使用的高压电池包采用补充电量或更换电池两种服务方式,其服务网络如图 3-1 所示。

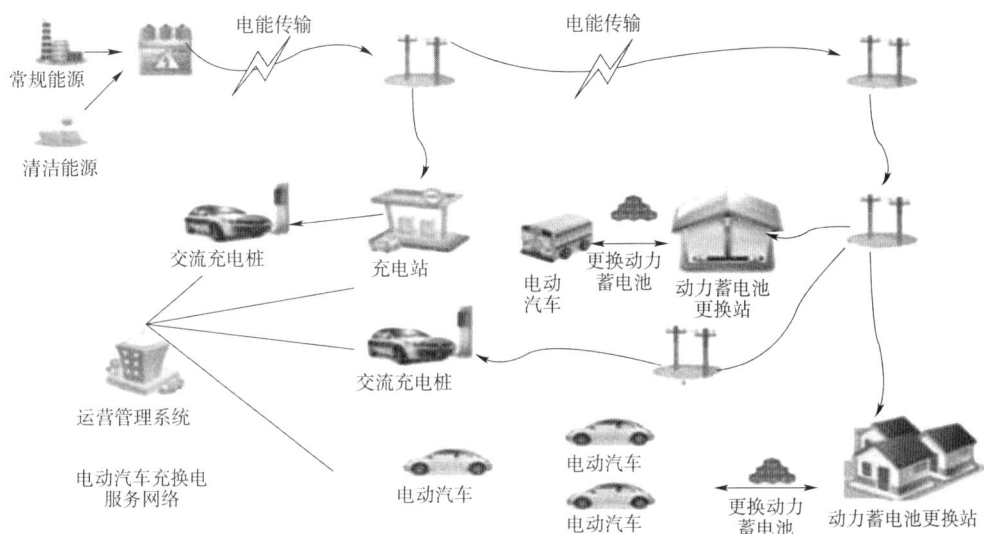

图 3-1　电动汽车充换电服务网络

家用车一般采用直流充电和交流充电方式,商用车一般采用换高压电池包的方式,如图 3-2 所示。

a) 直流充电

b) 交流充电

图　3-2

c) 乘用车换电

d) 商用车换电

图3-2 纯电动汽车充换电方式

充电时既需要车内组件,也需要车外组件。在插电式混合动力电动汽车与纯电动汽车上需要一个充电接口和一个车载充电器,用于转换电压。在车辆外部,除交流电压网络和充电电缆外,还需要一个执行保护和控制功能的设备。图3-3展示了插电式混合动力电动汽车与纯电动汽车内部和外部的高压电池包充电组件。

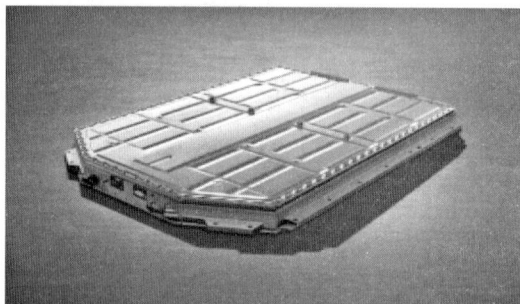

图3-3 高压电池包充电的组件

基本术语如下:

(1)交流充电(AC Charging):指通过交流电对带充电系统的新能源汽车高压电池包充电。进行交流充电时,车辆的车载充电器必须将交流电整流成直流电,并调节充电电压,使其符合高压电池包的要求。

(2)直流充电(DC Charging):指通过直流电对带充电系统的新能源汽车高压电池包充电。进行直流充电时,直流电被输送到高压电池包,由充电站来调整高压电池包的充电电压。

(3)充电断路装置(CCID):被并入到一级充电电缆的内嵌设备,如果检测到车辆有漏电现象,则CCID会中断充电电缆和车辆之间的电流。

(4)充电器(Charger):指将电气设备或其他电能供应设备输出的交流电,转变成直流充电电流的设备。车载充电器安装在车辆上,而非车载充电器则是新能源汽车供电设备(EVSE)的一部分。

(5)充电插头(Charge Connector):充电插头即充电枪,插入汽车充电端口对高压电池包充电。在北美地区,一级和二级充电插头遵循美国汽车工程师学会(SAE)标准J1772,该标准规定了充电插头的形状、电路和通信协议。

(6)充电口或充电插口(Charging Port或Charge Inlet):指安装在电动汽车及插电式混合动力电动汽车上的电气插座,通常位于保护盖后面。充电端口或充电插口的技术标准必须与插入车辆的充电插头一致,才能进行充电。

(7)充电电缆(Charging Cable):一级交流充电的便携式充电装置,其一端插入车辆,另一端插入220V墙壁插座。

(8)充电桩(Charging Station):一种用来将电能输送到插电式混合动力电动汽车或纯电动汽车的固定设备(通常安装在家庭车库、工作地点、停车装置或公共区域)。充电桩可能如220V电气插座那样简单,也可能是适合多种车型、多种充电标准的复杂充电装置。一些公共充电桩可免费使用,而有些则需缴费,并由专人操作。

(9)新能源汽车供电设备(EVSE):指为插电式混合动力电动汽车和纯电动汽车充电的外部充电设备。EVSE包含所有连接交流电源且带充电插头的供电设备。

(二)充电系统的组成

对于纯电动汽车和插电式混合动力电动汽车,高压电池包的充电系统是不可缺少的子系统之一,它的功能是将电网的电能转化为车载高压电池包的电能,并在高压电池包充满电后自动停止充电。高压电池包充电系统主要由新能源汽车供电设备(EVSE)和车载充电部件两大部分组成。

1.新能源汽车供电设备(EVSE)

车辆之外的充电部件通常称为新能源汽车供电设备(EVSE)。大多数插电式混合动力电动汽车和纯电动汽车在设计时就已经考虑到与标准电动汽车供电设备进行对接,也有少数汽车厂家采用专有EVSE充电标准。

充电系统外部设备包括以下部件:便携式充电电缆及其充电插头(一级交流充电)、配有充电电缆的充电桩(二级交流充电)、可插入汽车充电插口的充电插头。

(1)便携式充电电缆。

便携式充电电缆及其充电插头是一条充电线,像手机一样,只要带着这根线,任何有普通电源插口的地方都可以充电。其体积和质量均较小,因此使用非常方便,如图3-4所示。

便携式充电电缆及其充电插头包括以下组件:

①不同国家规格插头,用于带保护触点的普通家用插座。

图 3-4　荣威 Ei5 便携式充电电缆及充电插头

②不同国家规格插头与"集成式电缆箱"之间的电缆连接。

③"集成式电缆箱"用于将普通家用插座三孔插头转换成可连接车辆的充电枪装置。

④"集成式电缆箱"与连接车辆接口的充电枪之间的电缆连接。

⑤用于车辆接口的充电枪。

便携式充电电缆及其充电插头是交流电压网络与车辆直流高电压车载网络之间的电气连接设备,将交流电压网络连接到带保护触点的普通家用插座上(不带车载充电器)。荣威 Ei5 使用的这种便携式充电电缆及其充电插头,针对车辆充电接口始终采用单相设计。插头的设计原理可确保其首先与保护触点连接。通过搭铁线使车辆搭铁,可将便携式充电电缆及其充电插头放在行李舱内。由于需要使用普通家用插座将便携式充电电缆及其充电插头连接到交流电压网络上,限制了最大充电电流强度。

交流电压网络电压为 110～240V,通过单相方式传输至车辆。交流电压网络的理论最大充电功率为 7kW。在某些国家,针对交流电压网络提供的相关产品型号可使用最大 16A 的电流或最大 3.3kW 的充电功率,属于车载慢充系统,该系统需要提升低压转高压的转化效率。虽然插电式混合动力电动汽车与纯电动汽车的高压电池包也可通过制动能量回收进行部分充电,但当插电式混合动力电动汽车和纯电动汽车与本地电能供应公司的交流电压网络连接时,会进行"正常"充电过程。此时,从交流电压网络获取能量,并传输至插电式混合动力电动汽车与纯电动汽车的直流高电压车载网络中。

3.3kW 交流充电在很多国家均为标准配置。这种充电方式的优势在于,高压电池包充电时可将充电电缆连接到任何带有保护触点的普通家用插座上。但这样会使充电电流强度限制为低于 16A。例如,在某些国家通过交流电压网络供电时,最大充电功率为 3520W($U \cdot I = 220V \times 16A$)。从纯粹的计算角度来说,使之前完全放电的插电式混合动力电动汽车及纯电动汽车的高压电池包重新充满电大约需要持续 7h。为减少最大充电功率使用时间,不允许以最大充电电流充电,因此实际充电持续时间更长。

需要注意的是,使用家用插座为新能源汽车充电时,也需要考虑插座及线路的承受能力,如果采用一些劣质插座,则可能导致充电插座烧毁、线路烧熔等安全事故。

(2)固定充电桩。

插电式混合动力电动汽车与纯电动汽车供电设备型号根据尺寸和电气要求必须以固定方式安装,如用户屋内或车库内,在公共场所如停车场也可设立充电桩。固定安装式充电桩设备(简称充电桩)分为交流电充电桩和直流电充电桩。

注意:只能由经过相应培训的电气专业人员进行固定安装式充电桩的安装、维护和修理。

交流电充电桩可通过两相或三相方式将其连接至交流电压网络,但始终通过单相方式与新能源汽车充电接口连接。在我国,固定安装式交流电充电桩包括落地式和壁挂式两种,如图 3-5 所示。与便携式充电电缆及其充电插头不同,在此最大电流强度可为 32A,最大充电功率可为 7kW。这些最大值由安装场地电气设备所用导线横截面积决定。进行安装时,电气专业人员根据导线横截面积进行充电桩配置,从而确保通过控制信号可将相应最大电流强度传输至车辆。

图 3-5 交流电充电桩

在某些国家,充电电缆与交流电充电桩之间不允许使用插接件,因此客户无法断开充电电缆与交流电充电桩的连接。直流电充电桩是固定安装式充电桩的另一种形式,如图 3-6 所示。与交流电充电桩不同,在直流电充电桩内已将交流电压转化为直流电压。因此,在新能源汽车上无须通过车载充电器将交流电压转化为直流电压。直流电充电桩通常可提供远高于交流电充电桩的充电功率。因此,通过直流电充电桩可更迅速地为高压电池包充电。

图 3-6 直流电充电桩

2. 车载充电部件

一般而言,带充电系统的新能源汽车会有几个与外部充电设备相搭配的车载充电部件:将交流电整流成直流电的充电器(交流充电方式),车载充电接口和充电控制系统。

(1)充电器。

充电器指将电网提供的交/直流电转化为车载高压电池包所需直流电的装置(即 AC/DC 变换器)。纯电动汽车和插电式混合动力电动汽车的充电器分为车载充电器(安装在车内）和非车载充电器(安装在充电桩内)两种。车载充电器指将 AC/DC 变换器安装在插电式混合动力电动汽车或纯电动汽车上,采用地面交流电网或车载电源对高压电池包进行充电的装置。车载充电器通常使用结构简单、控制方便的接触式充电器,也可称为感应充电器。其充电方式包括家用普通插座充电和充电桩充电两种。

如图 3-7 所示为荣威 Ei5 车载充电器。车载充电器负责与交流电网建立连接并满足车辆充电的安全要求,此外还通过控制导线与车辆建立通信。这样可以安全启动充电过程并在车辆与车载充电器之间交换充电参数(例如最大电流强度)。

图 3-7　荣威 Ei5 车载充电器

非车载充电器指将 AC/DC 变换器安装在地面充电装置内,主要包括专用充电机、专用充电桩、通用充电机、公共场所充电站等,它充电速度快,但价格昂贵。非车载充电器根据充电时的能量转换方式可分为接触式和感应式。通过充电设备直接连接到车辆充电接口的都属于接触式。感应式充电是利用高频交流磁场的变压器原理,在车内产生感应电流,以达到给高压电池包充电的目的,如图 3-8 所示。

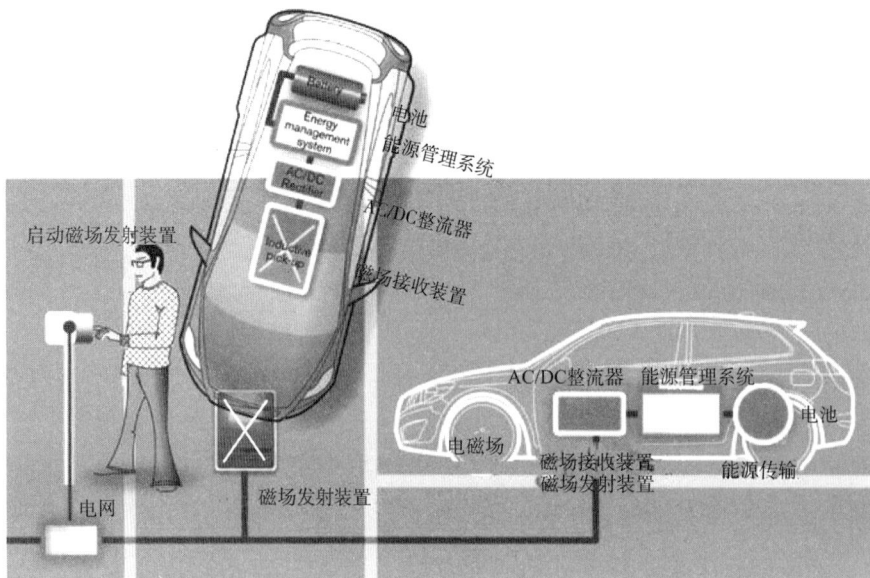

图 3-8　感应式充电

相对于传统充电设备,感应充电系统的优势在于充电设施与高压电池包之间不需要电缆连接。感应充电系统包含两个部分:安装于车辆底部的二次绕组,安装在充电车位地面上的一次绕组。独特的绕组排列设计,实现了系统的小型化和轻量化,以及感应磁场在三维空间的有效分布。电能通过绕组之间形成的交变磁场输送至车辆,不需要任何触点或电缆连接,目前可实现的充电功率为 3.3kW。这种充电方式的效率超过 90%,已经可以为新能源汽车的高压电池包提供高效、便捷、安全的充电服务。感应式充电设备的所有导电部件均有绝缘保护措施,其使用不受天气条件的制约,即使是雨雪天气也不会对供电产生负面影响,这意味着一次绕组甚至可以安装在室外。在充电过程中,系统的电磁辐射也保持在最低水平。一次绕组和二次绕组之间的工作空间被持续监测,检测到有异物进入时充电过程会立即中止,以保证用电安全。

(2)车载充电接口。

插电式混合动力电动汽车与纯电动汽车车载充电可分为交流充电和直流充电两种。大部分插电式混合动力电动汽车只能进行交流充电,如比亚迪秦 DM、宋 DM 等,增程式电动汽车采用的是交流和直流充电的方式,如理想 L8。为保证充电快速高效,要使用特定的充电接口进行充电,像在传统车辆上必须打开加油口盖一样,需按压充电接口盖或操作遥控钥匙开锁按钮使充电接口盖开锁。此外,充电时需要保证整车的防水密封性符合要求,通过另一个端盖防止真正的充电接口受潮和弄脏(图 3-9),保证车载充电接口能够承受存在瞬时大电流的充电过程。

图 3-9 荣威 Ei5 充电孔防潮保护装置

车载充电接口一般设置在车辆的侧部(原加油口位置)或前部(车标后面),不同厂家的设置方式存在一定差异。荣威 Ei5 的车载充电接口安装在车辆侧部和前部,车辆侧部为交流充电接口,前部为直流充电接口,如图 3-10 所示。

a) 交流充电接口   b) 直流充电接口

图 3-10 荣威 Ei5 充电接口

3.充电指示灯

插电式混合动力电动汽车与纯电动汽车充电时可通过充电接口的充电指示灯、220V 家

图 3-11　荣威 Ei5 充电状态指示灯

用充电集成式电缆箱、充电桩(机)用户操作界面或按钮指示灯等进行充电状态的识别。

(1)充电接口的充电指示灯。

充电接口的充电指示灯常见的有单个 LED 指示灯和 C 形光导纤维 LED 指示灯。荣威 Ei5 充电状态指示灯采用单个 LED 指示灯,位于车标周围,如图 3-11 所示。充电状态

指示灯闪烁方式见表 3-1。

充电状态指示灯状态识别　　　　　　表 3-1

序号	充电状态	指示灯状态
1	正在充电	绿灯常亮
2	满电	不亮
3	充电暂停	黄灯常亮
4	故障	红灯常亮

部分其他车型的充电状态指示灯位于充电接口下方,打开充电口盖就可看到,如图 3-12 所示。

(2)充电桩/充电机指示灯。

充电桩/充电机指示灯分为智能型和非智能型。如图 3-13 所示为 LH-06010 立式交流充电桩指示灯。

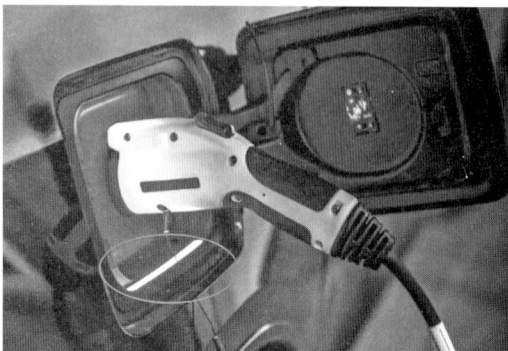

图 3-12　充电状态指示灯

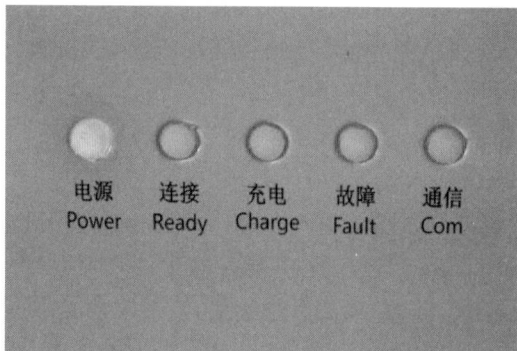

图 3-13　LH-06010 立式交流充电桩指示灯

其指示灯状态说明如下:
①电源连接后,电源指示灯红色常亮;
②如果设备有故障,故障指示灯红色常亮;
③充电指示灯闪烁,代表充电枪已连接但未充电;
④充电指示灯常亮,代表设备正常,正常充电。

4.充电类型

充电是新能源汽车使用过程中必不可少的环节,充电快慢影响着新能源汽车使用者的

出行规律。根据新能源汽车高压电池包的技术特性和使用性质,在国际标准 IEC 61851—1 中(IEC 指国际电工委员会)规定了不同的充电类型。带充电系统的汽车可以根据电压、电流、充电插头标准、最大充电速率进行分类,主要有四种充电类型。表 3-2 汇总了各种充电类型的重要参数。

充电参数表 表 3-2

充电方式	充电类型	额定电压电流	与车辆通信	充电插头连接
交流充电	一级交流充电	AC 220V/16A	无	插座
	二级交流充电	AC 220V/8~16A	通过充电电缆内的模块	插座
	三级交流充电	AC 220V/16~63A	通过充电站内的模块	交流充电桩
直流充电	直流快速充电	AC 380V/30~300A	通过充电站内的模块	非车载充电机(柜)

根据充电电流大小及充电方式,交流充电可分为三种充电类型,各厂家的不同模式对应不同的充电导线或不同颜色的插头。

(1)一级交流充电(充电模式 1)。

家用充电插座内不带控制导线和接近导线,一级交流充电(图 3-14)无法与车辆建立通信,充电时无法限制和确认最大电流强度,因此大部分厂家都不采用这种充电模式。

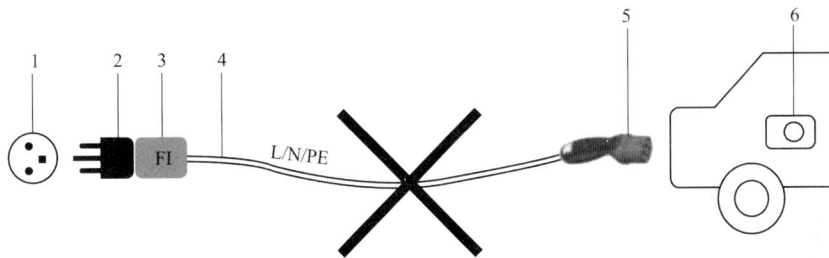

图 3-14 一级交流充电

1-普通家用插座;2-用于普通家用插座的插头;3-保护开关;4-充电电缆;5-充电插头;6-车辆上的充电接口

(2)二级交流充电(充电模式 2)。

几乎所有插电式混合动力电动汽车和纯电动汽车都配有二级充电电缆,如图 3-15 所示,通常存放在车辆的行李舱内。这种充电线的一端有标准的 220V 墙壁式插座插头,另一端则是 J1772 充电插头。高压继电器、控制电路及充电电路中断装置(CCID)都被集成到集成式电缆箱中。CCID 负责检测充电线在使用过程中是否存在漏电问题及其他故障,如果发现问题,则 CCID 会断开电路。

对许多带充电系统的新能源汽车而言,二级交流充电通常是附近没有更大充电站情况下的备用解决方案。对于纯电动续驶里程相对较短的插电式混合动力电动汽车来说,二级交流充电已能满足充电需求。

由于使用普通家用插座将集成式电缆箱连接到交流电压网络中,限制了最大充电电流强度。充电模式 2 适用范围非常广,可设置在公寓、公共停车场及公共充电站等可长时间停放车辆的地方。因充电时间较长,可满足白天运行、晚上静置的车辆充电需求。

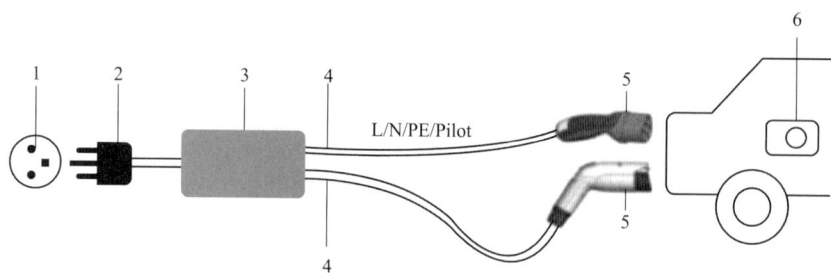

图 3-15　二级交流充电

1-普通家用插座;2-用于普通家用插座的插头;3-集成式电缆箱;4-充电电缆;5-充电插头(欧规或美规);6-车辆上的充电接口

　　操作和使用二级交流充电的充电电缆时,必须参考相关制造商的使用说明。不允许维修站点人员对充电电缆或集成式电缆箱进行维修作业。充电电缆或集成式电缆箱损坏或出现故障时应联系制造商。

　　(3)三级交流充电(充电模式3)。

　　通过充电站或充电桩进行交流充电时,一般采用三级交流充电,如图 3-16 所示。

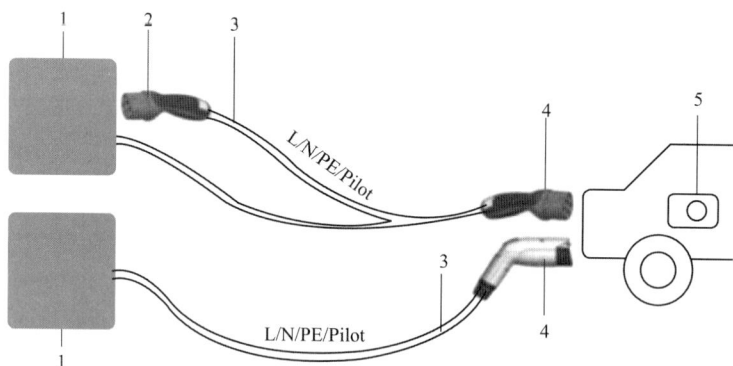

图 3-16　三级交流电

1-充电站或充电桩;2-充电插头(欧规);3-充电电缆;4-用于连接车辆的充电插头(欧规或美规);5-车辆上的充电接口

图 3-17　用于连接充电站/充电桩的充电电缆

1-用于连接充电站/充电桩的插头;2-充电电缆;

3-用于连接车辆的插头

　　通过一个充电站/充电桩连接到交流电压网络,适用的充电电缆仅在充电站/充电桩与车辆充电接口之间形成电气连接,如图 3-17 所示。

　　三级交流充电电流范围很大,这取决于车辆动力蓄电池的额定充电电流,以及充电站的额定充电电流。虽然三级交流充电设备的交流充电标准高达 63A,但许多三级交流充电站额定充电电流仅为 16~32A,甚至更低。大多数电动汽车可通过三级交流充电站在 8h 内完全充满电,这让三级充电站成为住宅和工作场所的理想充电选择。

　　(4)直流快速充电(充电模式4)。

　　直流快速充电指专门为插电式混合动力电动汽车和纯电动汽车的高压电池包进行快速充电的充电方式,能在 30min 内将 SOC(荷电状态,即剩余电量)从 30% 提高到 80%,如

图 3-18 所示,因此也称应急充电或快速充电模式。但使用这种类型的充电方式,高压电池包要能承受大电流充电,电流和电压一般分别在 150 ~ 400A 和 200 ~ 750V,充电功率大于 60kW。这种方式多为直流供电方式,地面的充电机功率大,输出电流和电压变化范围大。

直流充电不使用车辆的车载充电器控制充电电压和电流,而是由充电桩直接控制。相比交流充电,直流快充通常需要在车辆和充电桩之间进行额外的通信。目前,大多数插电式混合动力电动汽车和纯电动汽车的高

图 3-18　直流快速充电

压电池包不适合快速充电。部分制造商认为频繁的直流充电操作会降低动力蓄电池的容量。虽然快速充电的充电速度非常高,但充电设备的安装要求和成本也比较高,且快速充电的电流电压较高,短时间内对动力蓄电池的冲击较大,容易令动力蓄电池发热,因此对动力蓄电池散热方面的要求更高。

快速充电不可避免地会给动力蓄电池带来伤害,因为长时间的大电流充电会造成电池极化现象,电池的内阻会增加,电池自放电率增大,最终影响到电池的一致性。锂离子电池采用限压恒流的充电方式,当电池管理器接收到单体电压在 3V 以下时,启动涓流充电至 3.0V,此时会进入标准充电模式,充电倍率 0.2 ~ 1C。当锂电池进入恒压充电模式时,此时充电倍率 0.02C,电池管理器会限制充电桩充电电流直至充电截止。

二、任务实施

(一)工作准备

(1)安全防护:做好车辆高压安全防护与隔离。

(2)工具设备:交直流充电桩、各种充电插头、绝缘防护用品、绝缘工具套装。

(3)台架车辆:直流充电桩实训台、荣威 Ei5 教学版整车。

(4)辅助资料:充电桩使用手册、教材。

(二)实施步骤

1.常规 220V 家用设备充电

采用随车配备的便携式充电电缆及充电插头进行充电,可使用家用电源,如图 3-19 所示。充电电流一般为 8 ~ 16A,电流为单相交流电,根据高压电池包容量大小,充电时间为 5 ~ 8h。

新能源汽车多采用 16A 插头的电源线,配合合适的插座和车载充电器,即可在家中为纯电动汽车与插电式混合动力电动汽车充电。值得注意的是,一般家用插座为 10A,16A 插头

并不适用,如图 3-20 所示,需要用电热水器或空调的插座。电源线上的插头会标明 10A 或 16A。

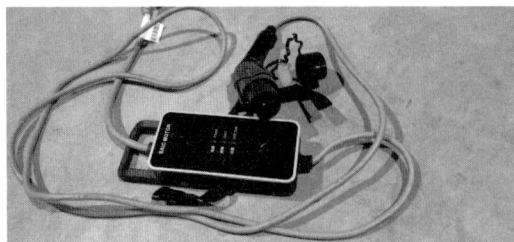

图 3-19 常规 220V 家用设备充电

图 3-20 16A 插座

插有充电电缆时不要加油,并与易燃物品保持安全距离。未按规定插入或拔出充电电缆时存在因燃油燃烧等原因导致人员受伤或物品损坏的危险。

通过家用插座为高电压蓄电池充电会导致插座上出现较高持续负荷,因此必须注意以下事项:

(1)不要使用适配器或延长电缆。

(2)充电后首先拔出车上的充电插头,再拔出墙上的充电插头。

(3)不要将充电插头插在损坏的插座上。

(4)不要使用损坏的充电电缆。

(5)为高电压蓄电池充电时,充电插头和充电电缆可能会变热。如果过热,则应立即终止充电并让电气专业人员进行检查。

(6)反复出现充电故障或中断情况时,联系具有资质的维修人员。

(7)仅使用防潮和防侵蚀的插座。

(8)不要用手指或物体接触插头触点区域。

(9)切勿自行维修或改装充电电缆。

(10)进行清洁前将电缆两侧均拔出,不要浸入液体内。

(11)充电期间不允许洗车。

(12)仅在经过电气专业人员检查后确认合格的插座上进行充电。

(13)在不了解的基础设施/插座上充电时,遵守用户手册内的特殊说明。

(14)常规 220V 家用设备充电时间较长,但对充电条件要求不高,充电器和安装成本较低,可充分利用电力低谷时段充电,降低充电成本。更重要的是,可对动力蓄电池深度充电,提升动力蓄电池充放电效率,延长使用寿命。

2. 公共充电桩充电

在充电桩还没有全面普及的情况下,公共充电桩很大程度上解决了纯电动汽车和插电式混合动力电动汽车在公共场合充电难的问题。

公共充电桩用于加油站、住宅小区电动汽车充电,分为交流充电桩和直流充电桩两种。根据用户需求提供触摸式液晶屏显示的高端智能充电桩及数码管显示的简易型智能充电桩,分为计时充电和计电量充电两种方式。该系统主要包括 3 个功能模块,分别

交流充电机充电

为充电流程、异常处理流程和系统管理模块。本任务只学习充电流程,即实现整个充电过程的刷卡、充电、终止充电、返还金额、打印票据等,以及这些操作之间的联系。

LH-06010 立式交流充电桩是一种为电动汽车充电的设备,如图 3-21 所示。该设备为电动汽车提供交流充电电源,且具有电能计量和计费功能,通过刷卡的方式对充电用户收取费用,操作极其简便。它可通过多种通信模式与监控主站交互信息,实现远程管理。壁挂式充电桩适用于对电动汽车充电速度要求不高、占地面积要求较小、成本较低、操作简单与安全的基本充电应用场合,如公共停车场、生活小区和商场停车场等。具体使用步骤如下:

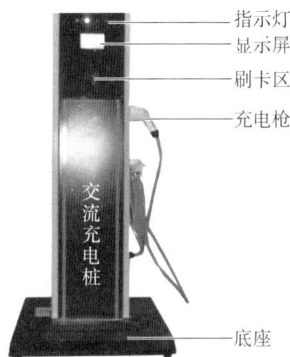

图 3-21 LH-06010 立式交流充电桩

(1)默认界面:充电桩正常开机后,检测无故障,显示界面如图 3-22 所示,如果用户想充电,则直接插入充电枪。

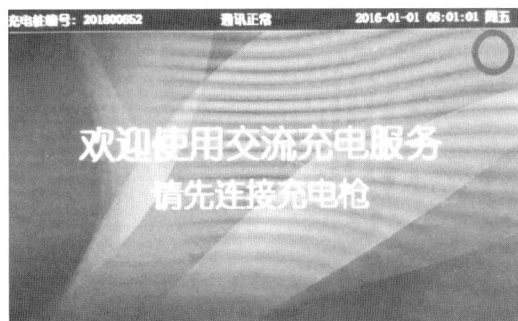

图 3-22 充电桩正常开机

(2)刷卡界面:充电桩检测到充电枪已连接后,蓝色连接灯点亮,显示屏界面如图 3-23 所示。在此界面,用户可点击"上翻""下翻"按钮,选择所需充电模式,刷卡直接启动充电。

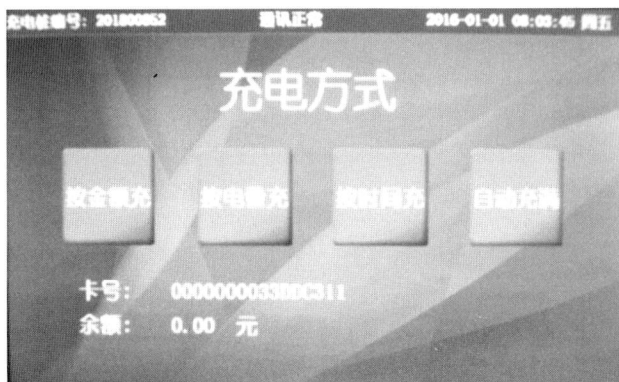

图 3-23 刷卡界面

(3)充电界面:此时充电灯点亮,充电过程中会显示电压、电流及电量等充电信息。此状态下,用户可通过刷卡结束充电。若充电已经停止,但用户并未进行刷卡结算,则充电桩切换到充电停止界面,如图 3-24 所示。

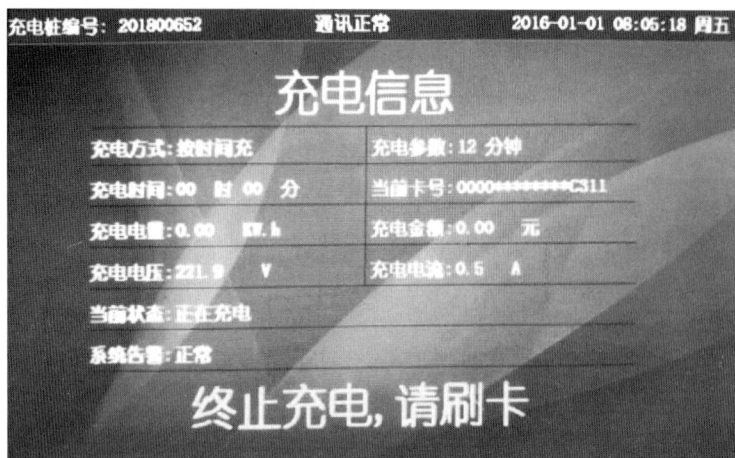

图 3-24　充电界面

(4)故障界面:如果充电桩发生故障,则切换到故障界面,且故障指示灯点亮。故障界面会显示故障信息,如图 3-25 所示。

图 3-25　故障界面

(5)充电结束:将充电桩的电源关闭,将电源线收回到充电桩的侧面挂钩上;清洁充电桩,并清扫充电桩周围的卫生,将工具清洁后归还到工具箱内的指定位置;将工具车清洁并放回到初始位置;将充电桩检测仪清洁并放置在电工专用操作台的右下角处;归还操作记录用的工单。

注意:

①充电时正确将充电插头与车辆连接,如果充电过程中出现故障,则按下停止按钮,清除故障,如果仍有故障信息则通知专业人员检查。

②车辆有内部故障时禁止充电,断电后通知专业人员检查。

③应认真阅读使用说明,并严格按照上述开机和关机步骤操作。

任务2 充电系统的检测

任务描述

荣威 Ei5 车主小王在早上上班时发现汽车只有 30% 的剩余电量,于是赶快将车驶到就近的充电站进行交流充电,结果发现充电枪无法插到位,小王重复操作了几次,均存在同样的问题,于是将车驶往 4S 店进行维修。你作为一名维修工,协助技术主管按照规范程序,检修该车故障,修复完成后确认其工作状态正常。

一、知识准备

(一) 交流充电系统的组成

交流充电系统由交流充电桩、交流充电口、高压电缆、车载充电器和动力蓄电池等组成。

1. 充电设备

充电设备主要有便携式充电包、壁挂式充电桩、柜式充电桩等,分别如图 3-26 ~ 图 3-28 所示。

图 3-26　便携式充电包

图 3-27　壁挂式充电桩

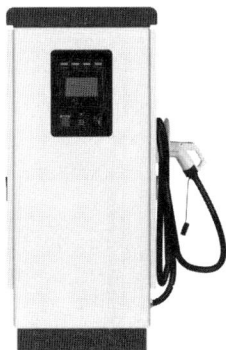

图 3-28　柜式充电桩

2．交流充电口

通过家用220V插座和交流充电柜接入交流充电口，通过车载充电设备或充放电式电机控制器（VTOG）将高压交流电转为高压直流电给动力蓄电池充电。

（1）交流充电口的构成如图3-29所示。

图3-29　交流充电口结构图

CP-充电控制确认；CC-充电连接确认；L1-交流电源（火线）；N-交流电源（零线）；PE-保护搭铁（连接车身搭铁线和充电设备搭铁线）；L2-备用端子；L3-备用端子

（2）交流充电口端子测量。当充电桩功率低于7kW的时候，交流电通过VTOG中的OBC（车载充电器）对动力蓄电池进行充电；当充电桩功率高于7kW的时候，交流电直接通过VTOG对动力蓄电池进行充电。交流充电口端子测量结果见表3-3。

交流充电口端子测量结果　　　　　　　　　　表3-3

CC与PE阻值				
3.3kW及以下充电盒	680Ω	VTOL（预留）	2kΩ
7kW及以下充电盒	220Ω	VTOL（预留）	100Ω
40kW及以下充电盒	100Ω	—	—

3．交流充电系统线束

连接交流充电口到高压电控总成之间的线束，如图3-30所示。

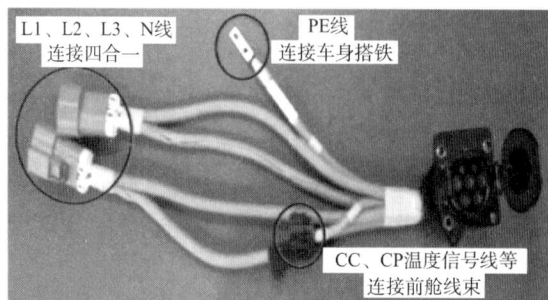

图3-30　交流充电高压线束

4.车载充电机

车载充电机(On Board Charger)简称 OBC,其作用是将交流充电口传递过来的 (220V/50Hz)交流电转换为直流高压电为动力蓄电池充电,如图3-31所示。

3.3kW 功率以内的单相交流充电是通过 OBC 进行的,而功率大于 3.3kW 的交流充电 (含单相和三相交流)是通过 VTOG 进行的。 比亚迪 E5 出租汽车版装配的四合一控制器 中不带 OBC,也是可以通过 VTOG 进行3.3kW 以内功率的单相交流充电的,那 E5 私家车版 为何还要加入 OBC 呢? 主要是与出租汽车相 比,私家车充电场所相对不固定,经常会存在 家用电网小功率充电的情况;而小功率充电 时,OBC 的效率比 VTOG 要高一些。

图 3-31　车载充电机

(二)交流充电系统的工作原理

比亚迪 E6 电动 汽车充电原理

1.交流充电桩的工作原理

交流充电桩是固定安装在社区停车场、居民小区、大型商场、服务 区、路边停车场等场所,接入电网,为电动汽车车载充电机提供可控的单向交流电源或三 相交流电源的供电装置。交流充电桩本身并不具备充电功能,其只是单纯提供电力输出, 还需要连接电动汽车车载充电机,方可起到为电动汽车动力蓄电池充电的作用。由于电 动汽车车载充电机的功率一般都比较小,所以交流充电桩无法实现快速充电。交流充电 桩只提供电力输出,没有充电转换功能,需连接车载充电机为电动汽车充电。其相当于只 是起了一个控制电源的作用的。

交流充电桩电气系统结构如图 3-32 所示,主回路由输入保护断路器、交流智能电能表、 交流控制接触器和充电接口组成,主要负责把输入端的电压传输至输出端。控制主电路元 件包括急停按钮、运行状态指示灯、充电桩智能控制器和人机交互设备,主要接收用户指令 对输入的电压进行控制与安全保护。

2.交流充电系统的工作原理

(1)车载充电机的转换原理。

车载充电机转换电路由整流电路、调整控制及保护电路和功率因数校正网络组成,如 图 3-33 所示。

①整流电路。整流电路由交流整流滤波、DC/DC 变换(高频变换)器等元器件组成,其 作用是从单相或三相交流电网取得交流电,并将其转换为符合要求的直流电。

②调整控制及保护电路。调整控制电路采用脉宽调制(PWM)电路,它包括输出采样、 信号放大、控制调节、基准比较等单元,其作用是对输出电压进行检测和取样,并与基准定值

进行比较,从而控制高频开关功率管的开关时间比例,达到调节输出电压的目的。

③功率因数校正网络。功率因数校正网络是充电机的重要组成部件,其功能是通过控制过程,使输入电流波形跟踪正弦基波电流,且相位与输入电压同相,以保持输出电压稳定和功率因数接近于 1.0。

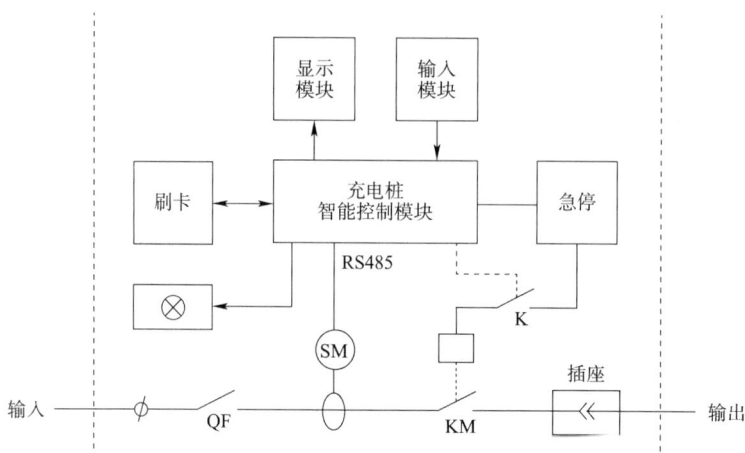

图 3-32　交流充电桩电气系统结构

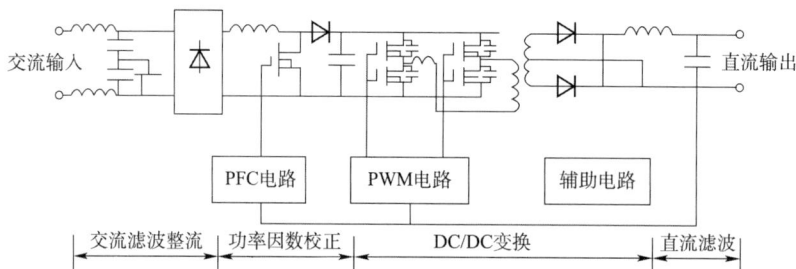

图 3-33　车载充电机转换电路图

(2)交流充电系统充电原理。

图 3-34 所示为交流充电系统充电原理。交流充电过程如下:用户将充电枪(车辆自带或者充电桩上)插入交流充电口进行匹配,匹配成功后,车载充电机开始工作。首先车辆通过低压唤醒整车控制系统,电池管理系统检测动力蓄电池的SOC及健康状况,判断是否需要进行充电。检测完毕后电池管理器将充电指令发送给车载充电器,并控制电池组中接触器与高压电控总成中交流充电接触器吸合,车辆开始充电。车载充电器把外界的 220V 交流电转换为300V 或者更高的直流电直接存储到高压电池包中。

(三)交流充电系统控制策略及流程

荣威 Ei5 交流充电的流程及控制方式如图 3-35 所示。

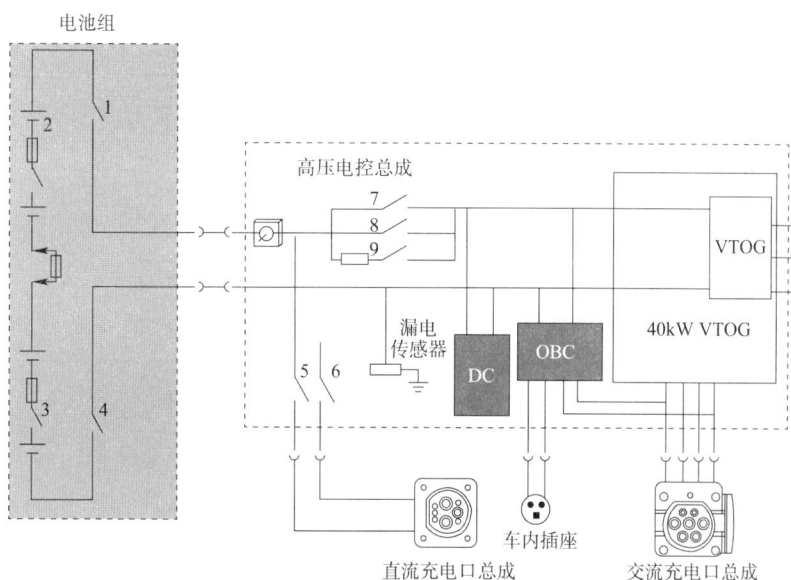

图 3-34 交流充电系统充电原理图

1-正极接触器;2、3-电池组分压接触器;4-负极接触器;5-直流充电正极接触器;6-直流充电负极接触器;7-主接触器;8-交流充电接触器;9-预充接触器

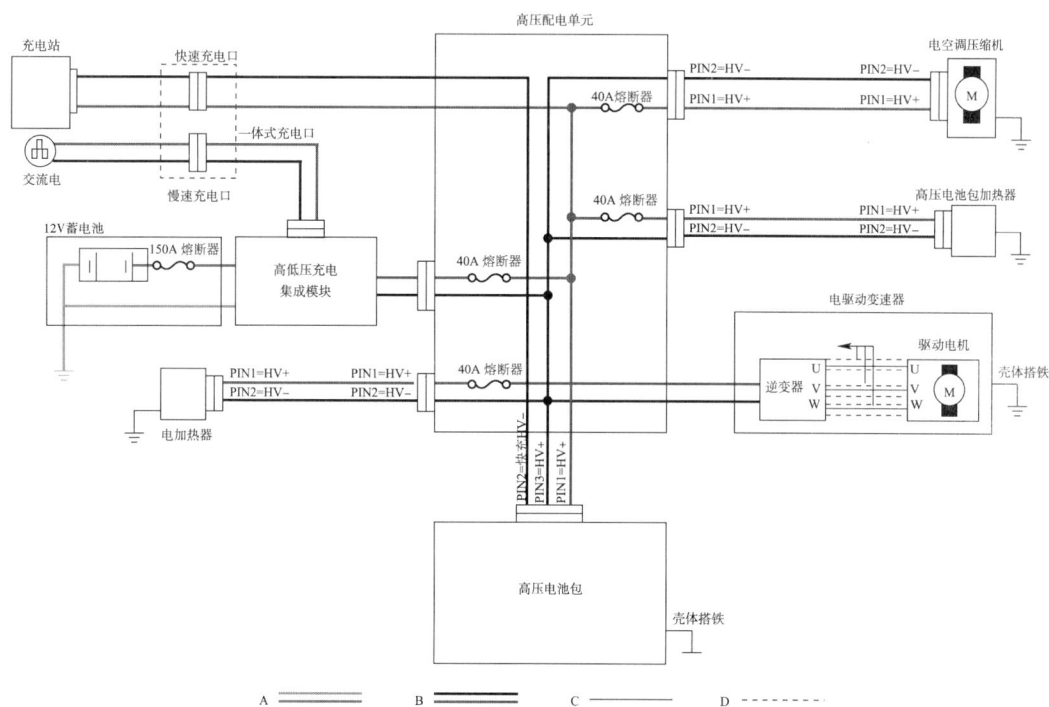

图 3-35 荣威 Ei5 交流充电的流程及控制方式

A-低压电;B-高压直流电;C-高压交流电;D-屏蔽线

二、任务实施

(一) 工作准备

(1) 安全防护:做好车辆安全防护与隔离(车内外三件套、车轮挡块、警示隔离带等)。

(2) 工具设备:诊断仪、数字式万用表、兆欧表、绝缘防护用品、绝缘工具套装、常规工具套装、动力蓄电池拆装举升台、充电桩等。

(3) 台架车辆:荣威 Ei5 教学版整车。

(4) 辅助资料:维修手册、教材、实训工作页。

(二) 实施步骤

充电系统的检测。

步骤1:检查充电枪。

维修/更换充电枪后,确认充电枪能否插到位,若能插到位,则诊断结束;若仍不能插到位,则检查其他可能原因,是否有变形、卡滞,充电接口是否堵塞损坏等迹象。若没有以上迹象,则检查其他可能原因。

步骤2:检查充电口。

①检查充电口是否有变形、卡滞,充电口密封圈是否有问题,充电接口是否有堵塞损坏等迹象。若有此迹象,维修/更换充电口后,确认充电枪能否插到位,若能插到位,则诊断结束;若仍不能插到位,则检查其他可能原因。若没有上述迹象,则检查其他可能原因。

②检查慢速充电口是否在锁止状态。

若在锁止状态,检查锁止机构是否正常释放。若能正常释放,进行插枪、锁止、解锁、拔枪操作,能正常使用则诊断结束。若不能正常释放,则更换充电口,进行插枪、锁止、解锁、拔枪操作,能正常使用则诊断结束,若不能正常使用,则进行步骤3、4、5。

若不在锁止状态,则检查其他可能原因。

步骤3:检查连接到慢速充电口的相关线路或连接器。

①将点火开关置于"OFF"位置,断开蓄电池负极电缆。

②断开慢速充电口线束连接器 BY121。

③连接蓄电池负极电缆。

④按下中控开关锁止、解锁,用万用表测量慢速充电口线束连接器端子之间的电压是否在规定范围内。其端子图和端子定义分别如图 3-36、图 3-37 所示。

若电压值正常,维修/更换连接到慢速充电口的相关线路。维修/更换完成后,再次检测充电锁电机释放能否正常工作,若恢复正常,则诊断结束;若仍不能工作,则检查其他可能原因。

若电压值不正常,则检查其他可能原因。

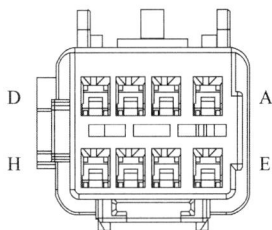

图 3-36 慢速充电口线束连接器端子图

状态	端子		电压(V)	电阻(R)
锁止	BY121–A	搭铁	11 ~ 14	—
	BY121–B	搭铁	—	<5

图 3-37 慢速充电口线束连接器端子定义

步骤 4:检查充电枪锁继电器。

①将点火开关置于"OFF"位置,断开蓄电池负极电缆,拆卸前舱熔断器盒内的继电器 R12、R13。

②测试以下继电器端子之间的电阻是否在规定范围内,规定范围见表 3-4。

继电器端子之间电阻规定范围(1)　　　　　　　　　　表 3-4

继电器	端子		电阻(Ω)
R12	1	2	80 ± 10
	3	4	<5
	3	5	∞
	1	4	∞
	5	4	∞
	3	1	∞
	2	4	∞
R13	1	2	80 ± 10
	3	4	<5
	3	5	∞
	1	4	∞
	5	4	∞
	3	1	∞
	2	4	∞

③将继电器 1 和 2 端子外接 12V 电源,测试以下继电器端子之间的电阻是否在规定范围内,规定范围见表 3-5。

继电器端子之间电阻规定范围(2)　　　　　　　　　　表 3-5

继电器	端子		电阻(Ω)
R12	3	5	<5
R13	3	5	<5

若电阻值不正常,更换继电器。更换完成后,再次检查充电枪锁电机能否正常释放,若能正常释放,诊断结束;若不能正常释放,则继续检查其他可能原因。

若电阻值正常,检查其他可能原因。

步骤5:检查整车控制单元相关线束。

①将点火开关置于"OFF"位置,断开蓄电池负极电缆。

②断开相应侧整车控制单元线束连接器 EB079、前舱熔断器盒充电枪锁继电器 R12、R13。

③用万用表测量以下整车控制单元线束连接器与充电枪锁电机线束连接器端子与搭铁的电阻是否在规定范围内,规定范围见表3-6。

端子与搭铁电阻规定范围   表3-6

端子		电阻(Ω)
R12-1	EB079-57	<5
R13-1	EB079-38	
R12-1		
R13-1		
EB079-57	搭铁	
EB079-38		∞
R12-1		
R13-1	电源	
EB079-57		
EB079-38		

若电阻值不正常,维修/更换相关线路。维修/更换完成后,再次检测充电枪能否插到位,若恢复正常,则诊断结束;若仍不能插到位,则更换整车控制单元。

若电阻值正常,则更换整车控制单元。

◆ 习题

一、填空题

1.家用车一般采用_____和_____两种充电方式。

2.我国的插电式混合动力电动汽车与纯电动汽车对使用的高压电池包采用_____和_____两种服务方式。

3.充电系统外部设备包括_____、_____和_____部件。

4.交流充电系统主要由_____、_____、_____、_____和_____等组成。

5._____作用是将交流充电口传递过来的(220V/50Hz)交流电转换为直流高压电为动力蓄电池充电。

二、判断题

1. 直流充电桩可以提供远高于交流电充电桩的充电功率。 （   ）

2. 车载充电机指将 AC/DC 变换器安装在交流充电桩内。 （   ）

3. 直流快速充电指专门为插电式混合动力电动汽车和纯电动汽车的高压电池包进行快速充电的充电方式。 （   ）

4. 新能源汽车供电设备(EVSE)是指为插电式混合动力电动汽车和纯电动汽车充电的外部充电设备。 （   ）

5. 交流充电桩只提供电力输出，没有充电转换功能，需连接车载充电机为电动汽车充电。 （   ）

6. 交流充电接口通过车载充电设备或充放电式电机控制器(VTOG)将高压交流电转为高压直流电给动力蓄电池充电。 （   ）

三、选择题

1. 充电接口的充电指示灯位于(   )。

A. 车辆底部　　　　 B. 车辆侧部　　　　 C. 座椅下方　　　　 D. 仪表板上方

2. 整流电路由交流整流滤波、(   )变换、高频变换器等元器件组成。

A. DC/DC　　　　 B. VTOG　　　　 C. OBC　　　　 D. SOC

项目四

电池管理系统的认知与检测

知识目标

(1)能够叙述电池管理系统的功能及作用;

(2)能够叙述电池管理系统各种功能的实现方式;

(3)能够叙述电池管理系统故障诊断的注意事项。

技能目标

(1)能够正确检查和使用绝缘保护用具;

(2)能够规范拆装电池管理控制模块;

(3)能够诊断电池管理控制模块相关的故障。

素质目标

(1)能够遵守安全作业要求、注重安全防护;

(2)能够执行检修规范,养成严谨科学的工作态度;

(3)能够正确地检查工作结果并进行自我评估。

▶▶ 学时:14 学时

🎡 任务1 电池管理系统的认知

✏️ 任务描述

一辆荣威 Ei5 纯电动汽车出现无法上电情况,仪表板"READY"灯不亮,提示电池系统存在故障,请检查高压控制系统。维修人员结合车辆的症状和行驶里程,建议车主对车辆的电源系统进行检修。如果将这一任务委派给你,你知道如何操作吗?

一、知识准备

(一) 电池管理系统的功能

早期的电池管理系统仅仅进行电池一次测量参数(电压、电流、温度等)的采集,之后发展到二次参数(SOC、内阻)的测量和预测,并根据极端参数进行电池状态预警。现阶段,电池管理系统除完成数据测量和预警功能外,还通过数据总线直接参与车辆状态的控制。

电池管理系统主要功能包括:数据采集、电池状态计算、能量管理、安全管理、热管理、均衡控制、通信功能和人机接口。如图 4-1 所示为电池管理系统功能示意图。

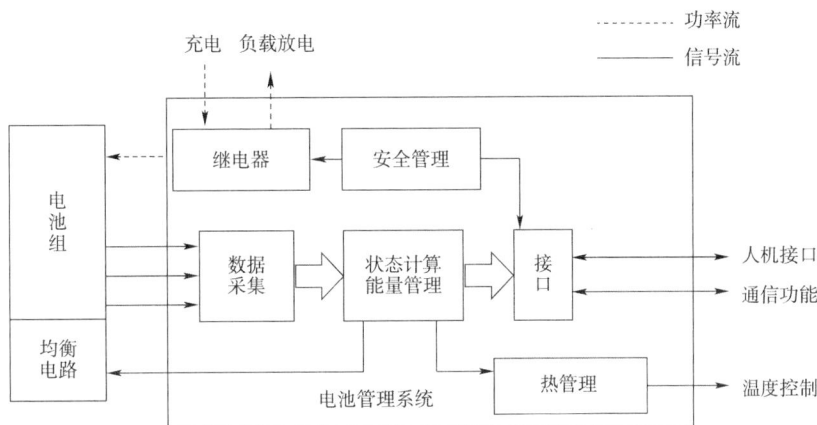

图 4-1　电池管理系统功能示意图

1. 数据采集

电池管理系统的所有算法都是以采集的动力蓄电池数据作为输入量,采样速率、精度和前置滤波特性是影响电池系统性能的重要指标。电动汽车电池管理系统的采样速率一般要求大于 200Hz(50ms)。

2. 电池状态计算

电池状态计算包括电池组荷电状态和电池组健康状态(State of Health,SOH)两方面。SOC 用来提示高压电池包剩余电量,是计算和估计电动汽车续驶里程的基础。SOH 用来提示电池技术状态,是预计可用寿命等健康状态的参数。

3. 能量管理

能量主要包括以电流、电压、温度、SOC 和 SOH 为输入进行充电过程控制,以及以 SOC、SOH 和温度等参数为条件进行放电功率控制两个部分。

4. 安全管理

安全管理是监视电池电压、电流、温度是否超过正常范围,防止电池组过充、过放。现在,在对电池组进行整组监控的同时,多数电池管理系统已经发展到可对极端单体电池进行过充电、过放电、过热等安全状态管理。

5. 热管理

热管理是在电池工作温度超高时进行冷却,低于适宜工作温度下限时进行电池加热,使电池处于适宜的工作温度范围内,并在电池工作过程中总保持电池单体间温度均衡。对于大功率放电和高温条件下使用的电池,电池的热管理尤为必要。

6. 均衡控制

由于电池的一致性差异导致电池组的工作状态是由最差电池单体决定的。在电池组各个电池之间设置均衡电路,实施均衡控制是为了使各单体电池充放电的工作情况尽量一致,提高整体电池组的工作性能。

7. 通信功能

通过电池管理系统可实现电池参数和信息与车载设备或非车载设备的通信。为充放电控制、整车控制提供数据依据是电池管理系统的重要功能之一,根据应用需要,数据交换可采用不同的通信接口,如模拟信号、PWM 信号、CAN 总线或 I2C 串行接口。

8. 人机接口

人机接口是根据设计的需要设置显示信息以及控制按键、旋钮等。

电池管理系统的主要工作原理,可简单归纳为数据采集电路采集电池状态信息数据后,由电子控制单元(ECU)进行数据处理和分析,然后电池管理系统根据分析结果对系统内的相关功能模块发出控制指令,并向外界传递参数信息。

(二) 单体电压采集方法

电池单体电压采集是电池管理系统中的重要一环,其性能好坏或精度高低,决定了系统对电池状态信息判断的准确程度,并进一步影响了后续的控制策略能否有效实施。常用的单体电压检测方法有以下五种。

1. 继电器阵列法

图 4-2 为基于继电器阵列法的电池电压采集电路原理框图,其由端电压传感器、继电器阵列、A/D 转换芯片、光电耦合器(光耦)、多路模拟开关等组成。如果需要测量 n 块串联成组电池的端电压,就需要将 $n+1$ 根导线引入电池组中各节点。当测量第 m 块电池的端电压时,单片机发出相应的控制信号,通过多路模拟开关、光电耦合器驱动电路选通相应的继电器,将第 m 和 $m+1$ 根导线引入 A/D 转换芯片。通常开关器件的电阻都比较小,配合分压电路之后由于开关器件的电阻所引起的误差几乎可以忽略不计,而且整个电路结构简单,只有分压电阻和模数转换芯片还有电压基准的精度能够影响最终结果的精度,通常电阻和芯片的误差都可以做得很小。因此,在所需要测量的电池单体电压较高而且对精度要求也高的场合最适合使用继电器阵列法。

2. 恒流源法

恒流源电路进行电池电压采集的基本原理是,在不使用转换电阻的前提下,将电池端电压转化为与之呈线性变化关系的电流信号,以此提高系统的抗干扰能力。在串联电池组中,由于电池端电压也就是电池组相邻两节点间存在电压差,故要求恒流源电路具有很好的共模抑制能力,一般在设计过程中多选用集成运算放大器来达到此种目的。

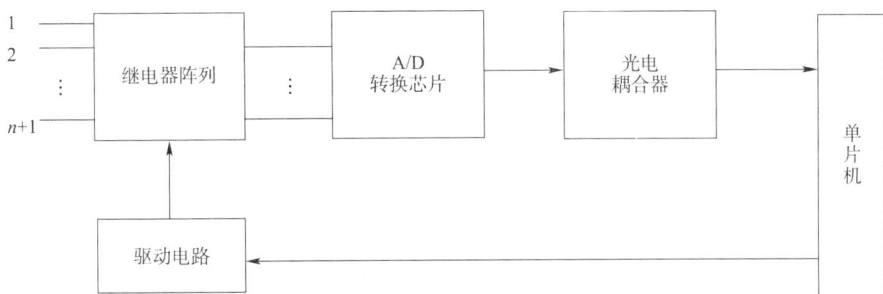

图 4-2　基于继电器阵列法的电池电压采集电路原理框图

出于设计思路和应用场合的不同,恒流电路会有多种不同形式,图 4-3 即为其中一种,它是由运算放大器和绝缘栅型场效应晶体管组合构成的减法运算恒流源电路。

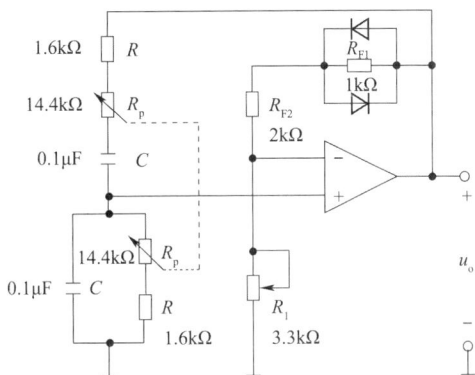

图 4-3　运算放大器和场效应管组合构成的减法运算恒流源电路

由运算放大器的结构可知,该电路是具有高开环放大倍数并带有深度负反馈的多级直接耦合放大电路,其输入级采用差动放大电路,并集成在同一硅片上,故两者的性能匹配非常好,且中间级具有很高的放大能力。由差动电路原理可知,这种电路具有很强的共模信号抑制能力,所以在用运算放大器对电池组的单体电压进行测量时,由于高的共模抑制性和放大能力,测量精度将会得到提高。绝缘栅型场效应晶体管是利用输入回路的电场效应来控制输出回路电流的一种半导体器件,当其工作在可变电阻区时,输出量漏极电流 I_D 与输入量漏源电压 U_{ds} 呈线性关系,且管子的栅、源间阻抗很高,造成的漏电流很小,而漏、源间导通电阻很小,造成的导通压降很低。

恒流源电路结构较简单,共模抑制能力强,采集精度高,具有很好的实用性。

3. 隔离运放采集法

隔离运算放大器是一种能够对模拟信号进行电气隔离的电子元件,广泛用作工业过程控制中的隔离器和各种电源设备中的隔离介质。隔离运算放大器一般由输入和输出两部分组成,二者单独供电,并以隔离层划分,信号经输入部分调制处理后经过隔离层,再由输出部分解调复现。隔离运算放大器非常适合应用于电池单体电压采集电路中,它能将输入的电池端电压信号与电路隔离,从而避免了外界干扰,使得系统采集精度提高、可靠性增强。

图 4-4 所示为隔离运算放大器在 600V 高压电池包电池管理系统中的应用,其中共有 50

块额定电压为 12V 的水平铅酸电池,其端电压被隔离运算放电路逐一采集。ISO 122 是美国 BB 公司采用滞回调制-解调技术设计的隔离运算放大器,采用精密电容耦合技术和常规的双列式直插(DIP)封装技术。ISO 122 的输入和输出部分分别位于壳体两边,中间用两个匹配的 1pF 电容形成隔离层,其额定隔离电压大于 1500V(交流 60Hz 连续),隔离阻抗大,并且具有高的增益精度和线性度,从而满足了实际应用要求。从图 4-4 中不难发现,ISO 122 的输入部分电源就取自高压电池包中,输出部分电源则出自电路板上的供电模块,电池端电压经两个高精密电阻分压后输入运放电路,与之呈线性关系的输出信号经多路复用器后交单片机控制电路处理。需要说明的是,在第 50 块电池的端电压采集电路中,一个反向器被加在隔离运放电路后,用于将输出信号由负变为正。还应指出,隔离运放采集电路虽然性能优越,但是较高的成本影响了其广泛应用。

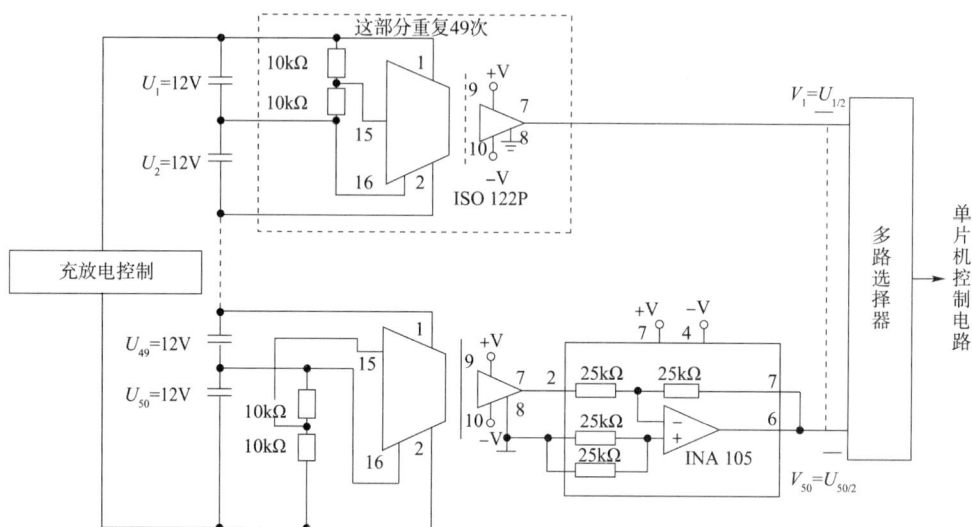

图 4-4 隔离运算放大器在 600V 高压电池包电池管理系统中的应用

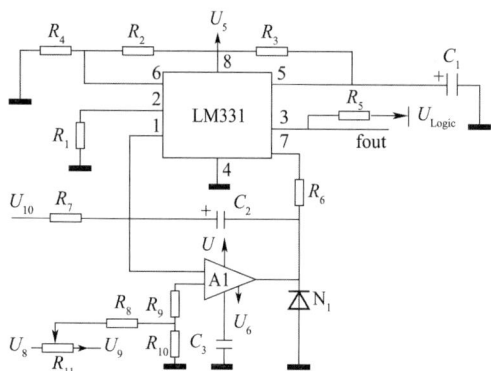

图 4-5 压/频转换器 LM331 用作高精度压/频转换的电路原理图

4. 压/频转换电路采集法

当利用压/频(V/f)转换电路实现电池单体电压采集功能时,压/频转换器的应用是关键,它是把电压信号转换为频率信号的元件,具有良好的精度、线性度和积分输入等特点。

图 4-5 为压/频转换器 LM331 用作高精度压/频转换的电路原理图,LM331 是美国 FS 公司生产的高性价比集成 V/f 芯片,它采用了新的温度补偿能隙基准电路,在整个工作温度范围以内和电源电压低到 4.0V 时都有极高的精度。

该采集方法中,电压信号直接被转换为频率信号,随即就可以进入单片机的计数器端口进行处理,而不需要进行 A/D 转换。此外,为了配合压/频转换电路在电池单体电压采集系统中的应用,相应选择电路和运算放大电路也需加以设计,以实现多路采集的功能。这种方法所涉及的元件比较少,但是压控振荡器中含有电容器,而电容器的相对误差一般都比较大,而且电容越大相对误差也越大。

5. 线性光耦合放大电路采集法

基于线性光耦合器件的电池单体电压采集电路实现了信号采集端和处理端之间的隔离,从而提高了电路的稳定性与抗干扰能力。

图 4-6 中线性光耦 TIL300 由一个利用红外 LED(发光二极管)照射而分叉配置的隔离反馈光二极管和一个输出光二极管组成,并采用特殊工艺技术来补偿 LED 时间和温度特性的非线性,使输出信号与 LED 发出的伺服光通量成线性比例。TIL300 具有 3500V 的峰值隔离度,带宽大于 200kHz,适合直流与交流信号的隔离放大,并且输出增益稳定度为 $\pm 0.05\%/℃$。从图 4-6 中不难看出,电池单体电压值(即 U_1 与 U_2 之差)经运算放大器 A1 后被转化为电流信号 I_{p1} 并流过线性光耦 TIL300,经光电隔离后输出与 I_{p1} 呈线性关系的电流量 I_{p2},再由运算放大器 A,转化为电压值得以进行 A/D 转换并完成采集。值得注意的是,线性光耦两端需要使用不同的独立电源,在图中分别标示为 1Vcc + 和 2Vcc +。可见,线性光耦合放大电路不仅具有很强的隔离能力和抗干扰能力,还使模拟信号在传输过程中保持了较好的线性度,因此,可以与继电器阵列或选通电路配合应用于多路采集系统中,但其电路相对较复杂,影响精度的因素较多。

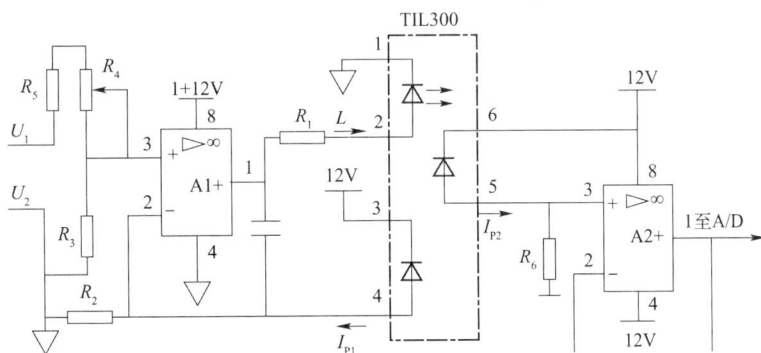

图 4-6 基于线性光耦元件 TIL300 的电池单体电压采集电路原理图

(三)电池温度采集方法

电池的工作温度不仅影响电池的性能,而且直接关系到电动汽车的使用安全,因此,准确采集温度参数显得尤为重要。采集温度并不难,关键是如何选择合适的温度传感器。目前,电动汽车使用的温度传感器很多,比如热电偶、热敏电阻、热敏晶体管、集成温度传感器等。

1. 热敏电阻采集法

热敏电阻采集法的原理是利用热敏电阻阻值随温度变化而变化的特性,用一个定值电阻和热敏电阻串联起来构成一个分压器,从而把温度的高低转化为电压信号,再通过模/数转换得到温度的数字信息。热敏电阻成本低,但线性度不好,而且制造误差一般也比较大。

2.热电偶采集法

热电偶的作用原理是双金属体在不同温度下会产生不同的热电动势,通过采集这个电动势的值,即可通过查表得到温度的值。由于热电动势的值仅和材料有关,所以热电偶的准确度很高。但是由于热电动势都是毫伏等级的信号,所以需要放大,外部电路比较复杂。一般来说,金属的熔点都比较高,所以热电偶一般都用于高温的测量。

3.集成温度传感器采集法

由于温度的测量在日常生产、生活中用的越来越多,所以半导体生产商们都推出了很多集成温度传感器。这些温度传感器虽然很多都是基于热敏电阻式的,但都在生产的过程中进行校正,因此精度可以媲美热电偶,而且直接输出数字量,很适合在数字系统中使用。

(四)电池工作电流采集方法

常用的电流检测方式有分流器、互感器,霍尔元件电流传感器和光纤传感器四种,各种方法的特点见表4-1。

各种电流检测方式特点 表 4-1

项目	分流器	互感器	霍尔元件电流传感器	光纤传感器
插入损耗	有	无	无	无
布置形式	需插入主电路	开孔、导线传入	开孔、导线传入	—
测量对象	直流、交流、脉冲	交流	直流、交流、脉冲	直流、交流
电气隔离	无隔离	隔离	隔离	隔离
使用方便性	小信号放大需控制处理	使用较简单	使用简单	—
使用场合	小电流控制测量	交流测量电网监控	控制测量	高压测量电力系统常用
成本	较低	低	较高	高
普及程度	普及	普及	较普及	未普及

其中,光纤传感器昂贵的价格影响了其在控制领域应用;分流器成本低、频响应好,但使用麻烦,必须接入电流回路;互感器只能用于交流测量;霍尔元件电流传感器性能好,使用方便。目前,在电动车辆动力蓄电池管理系统电流采集与监测方面应用较多的是分流器和霍尔元件电流传感器。

(五)动力蓄电池电量管理系统

1.电池荷电状态(SOC)估算精度的影响因素

电池电量管理是电池管理的核心内容之一,对于整个电池状态的控制、电动汽车续驶里程的预测和估计具有重要的意义。同时,由于动力蓄电池荷电状态(SOC)的非线性,并且受到多种因素的影响,导致电池电量估计和预测方法复杂,准确估计 SOC 比较困难。SOC 估算精度的影响因素定性规律如下。

（1）充放电电流。

相对于额定充放电工况，动力蓄电池一般表现为大电流可充放电容量低于额定容量，小电流可充放电容量大于额定容量。

（2）温度。

不同温度下电池组的容量存在着一定的变化，温度段的选择及校正因素直接影响到电池性能和可用电量。

（3）电池容量衰减。

电池的容量在循环过程中会逐渐减少，因此，对电量的校正条件就需要不断地改变，这也是影响模型精度的一个重要因素。

（4）自放电。

电池内部的化学反应，产生自放电现象，使其在放置时，电量会有所损失。自放电大小主要与环境温度有关，需要按实验数据进行修正。

（5）一致性。

电池组的建模和容量估算与单体电池有一定的区别，电池组的一致性差别对电量的估算有重要的影响。电池组的电量是按照总体电池的电压来估算和校正的，如果电池差异较大，将导致估算的精度误差很大。

2. 精确估计 SOC 的作用

SOC 是防止动力蓄电池过充和过放的主要依据，只有准确估算电池组的 SOC 才能有效提高高压电池包的利用效率，保证电池组的使用寿命。在电动汽车中，准确估算蓄电池 SOC 的作用包括以下四点。

（1）保护蓄电池。

对于蓄电池而言，过充电和过放电都可能对蓄电池造成永久性的损害，严重缩短电池的使用寿命。如果可以提供准确的 SOC 值，整车控制策略可以将 SOC 控制在一定的范围之内（如 20% ~ 80%），起到防止对电池过充电或过放电的作用，从而保证电池的正常使用，延长电池的使用寿命。

（2）提高整车性能。

在没有提供准确的 SOC 值的情况下，为了保证电池的安全使用，整车控制策略需要保守地使用电池，防止电池出现过充电和过放电的情况，这样不能充分发挥电池的性能，因而降低了整车的性能。

（3）降低对动力蓄电池的要求。

在准确估算 SOC 的前提下，电池的性能可以被充分使用。选用电池时，针对电池性能设计的余量可以大大减小。例如，在准确估算 SOC 的前提下，只需要使用容量为 $40A \cdot h$ 的高压电池包；如果不能提供准确的 SOC 值，为了保证整车的性能和可靠性，可能需要选择 $60A \cdot h$ 甚至更高容量的高压电池包。

（4）提高经济性。

选择较低容量的动力蓄电池组可以降低整车的制造成本。同时，由于提高了系统的可靠性,后期的维护成本也大大降低。

3.SOC 估计常用的算法

(1)开路电压法。

开路电压法是最简单的 SOC 测量方法,主要根据电池组开路电压判断 SOC 的大小。由电池的工作特性可知,电池组的开路电压和电池的剩余容量存在着一定的对应关系。某高压电池包的电压与容量的对应关系如图 4-7 所示。随着电池放电容量的增加,电池的开路电压降低。由此,可以根据电池组的开路电压和 SOC 的对应曲线,通过测量电池组开路电压的大小,插值估算出电池 SOC 的值。

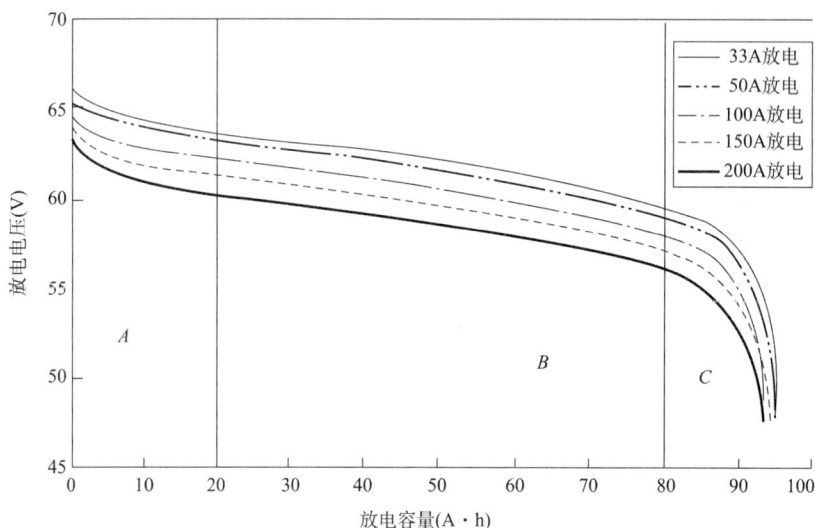

图 4-7　某高压电池包电压与容量的对应关系

该方法简单易行,但由于不同充放电倍率时电池组的电压不一致,因此,在电流波动比较大的场合,这种方式的计量将失去意义。另外,不同应用工况下电池组的内阻大小不一样,导致了同样充放电倍率下不同时期的电池组电压不一致,使得该测量方法的测量精度很低。同时,温度对电池组的放电平台影响也较大,因此,单靠电压来估算 SOC 的方法难以满足实际需求。

开路电压法对单体电池的估计要优于电池组,当电池组中出现单体电池不均衡,会导致电池组的可用容量降低时电压仍很高,因此,该方法不适合个体差异大的电池组。

(2)容量积分法。

容量积分法是通过对单位时间内,流入流出电池组的电流进行累积,从而获得电池组每一轮放电能够放出的电量,确定电池 SOC 的变化。

电流积分法存在着一定的误差,多次循环之后会出现一些误差积累,使该误差越来越大。因此需要校正,目前的方法大多利用电池组电压来校正因电流积分导致的累积误差。通过电池组放电到放电终止电压时,无论 SOC 值为多少都置为 0,这样可以避免长时间积分的累积误差。有的在电池组静态时采用电压法来校正 SOC,而在工作时用电流积分的方法。然而由于电压和电池容量的对应关系受温度、放电电流、电池组均衡性的影响,因此,仅仅通过电压法校正 SOC 的精度仍然较低,需要做进一步的改进。

（3）电池内阻法。

电池内阻有交流内阻(常称交流阻抗)和直流内阻之分,它们都与 SOC 有密切关系。电池交流阻抗为电池电压与电流之间的传递函数,是一个复数变量,表示电池对交流电的反抗能力,要用交流阻抗仪来测量。电池交流阻抗受温度影响大,是对电池处于静置后的开路状态,还是对电池在充放电过程中进行交流阻抗测量,目前存在争议,所以很少在实车测量中使用。

直流内阻表示电池对直流电的反抗能力,等于在同一很短的时间段内,电池电压变化量与电流变化量的比值。实际测量中,将电池从开路状态开始恒流充电或放电,相同时间里负载电压和开路电压的差值除以电流值就是直流内阻。直流内阻随 SOC 的变化规律如图 4-8 所示。

直流内阻的大小受计算时间段影响,若时间段短于 10ms,只有欧姆内阻能够检测到,若时间段较长,内阻将变得复杂。准确测量电池单体内阻比较困难,这是直流内阻法的缺点。在某些电池管理系统中,内阻法与容量积分法组合使用来提高 SOC 估算的精度。

（4）模糊逻辑推理和神经网络法。

模糊逻辑推理和神经网络是人工智能领域的两

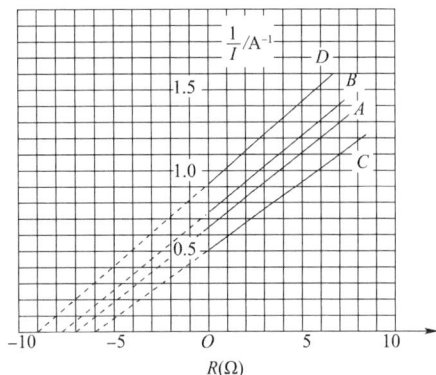

图 4-8 某电池直流内阻随 SOC 的变化规律

个分支。模糊逻辑接近人的形象思维方式,擅长定性分析和推理,具有较强的自然语言处理能力;神经网络采用分布式存储信息,具有很好的自组织、自学习能力。它们共同的特点就是均采用并行处理结构,可从系统的输入、输出样本中获得系统输入、输出关系。电池是高度非线性的系统,可利用模糊推理和神经网络的并行结构和学习能力估算 SOC。

采用神经网络预测 SOC 的典型结构如图 4-9 所示。网络结构为多输入单输出的三层前馈网络。输入量为电流、电压、温度、充放电容量、内阻等,输出量为 SOC 值。中间层神经元个数取决于问题的复杂程度及分析精度。神经网络输入变量的选择是否合适,变量数量是否恰当,直接影响模型的准确性和计算量。神经网络法适用于各种电池,其缺点是需要大量的参考数据进行训练,估计误差受训练数据和训练方法的影响很大。

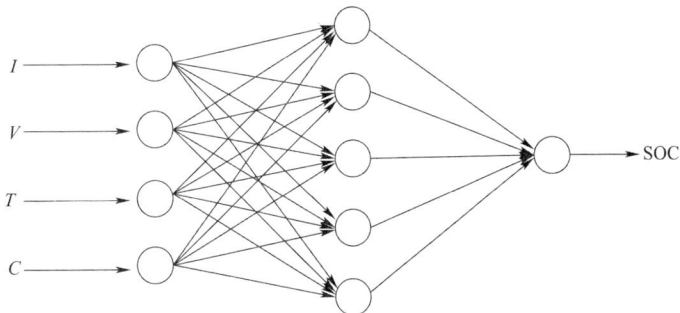

图 4-9 估算 SOC 神经网络结构图

（5）卡尔曼滤波法。

卡尔曼滤波理论的核心思想是对动力系统的状态做出最小方差意义上的最优估算。卡尔曼滤波法应用于电池 SOC 估算中，电池被称动力系统，SOC 是系统的一个内部状态。

卡尔曼滤波法适用于各种电池，与其他方法相比，尤其适合于电流波动比较剧烈的混合动力电动汽车电池 SOC 的估计，它不仅给出了 SOC 的估计值，还给出了 SOC 的估计误差。该方法的缺点是要求电池 SOC 估计精度越高，电池模型复杂，涉及大量矩阵运算，工程上难以实现，且该方法对于温度、自放电率以及放电倍率对容量的影响考虑得不够全面。

（六）动力蓄电池的均衡管理

为了平衡电池组中单体电池的容量和能量差异，提高电池组的能量利用率，在电池组的充放电过程中需要使用均衡电路。

根据均衡过程中对所传递能量的处理方式不同，均衡电路可以分为能量耗散型均衡和非能量耗散型均衡（即无损均衡），国外有些文献又分别称之为被动均衡（Passive Balancing）和主动均衡（Active Balancing）。

能量耗散型均衡主要通过令电池组中能量较高的电池利用其旁路电阻进行放电的方式损耗部分能量，以期达到电池组能量状态的一致。这种均衡结构以损耗电池组能量为代价，并且由于生热问题导致均衡电流不能过大，适用于小容量电池系统以及能量能够及时得到补充的系统，如混合动力电动汽车。宝马公司 ActiveE 混合动力电动汽车即采用了由 Preh GmbH 公司提供的带有能量耗散式均衡系统的 BMS。

目前，非能量耗散式均衡电路拓扑结构已出现很多种，本质上均是利用储能元件和均衡旁路构建能量传递通道，将能量从能量较高电池直接或间接转移至能量较低的电池。

1. 能量耗散型均衡管理

能量耗散型均衡是通过单体电池的并联电阻进行分流从而实现均衡的。这种电路结构简单，均衡过程一般在充电过程中完成，对容量低的单体电池不能补充电量，存在能量浪费和增加热管理系统负荷的问题。能量耗散型均衡充电电路一般有两类：

（1）恒定分流电阻均衡充电电路。

每个电池单体上都始终并联一个分流电阻。这种方式的特点是可靠性高，分流电阻的阻值大，通过固定分流来减小由于自放电导致的单体电池差异。其缺点在于无论电池充电还是放电过程，分流电阻始终消耗功率，能量损失大，一般在能够及时补充能量的场合适用。

（2）开关控制分流电阻均衡充电电路。

分流电阻通过开关控制，在充电过程中，当单体电池电压达到截止电压时，均衡装置能阻止其过充电并将多余的能量转化成热能。这种均衡电路工作在充电期间，特点是可以对充电时单体电池电压偏高者进行分流。其缺点是由于均衡时间的限制，导致分流时产生的大量热量需要及时通过热管理系统耗散，尤其在容量比较大的电池组中更加明显。例如，$10A \cdot h$ 的电池组，$100mV$ 的电压差异，最大可达 $500mA \cdot h$ 以上的容量差异，如果以 $2h$ 的均衡时间，则分流电流为 $250mA$，分流电阻值约为 14Ω，则产生的热量为 $2W \cdot h$ 左右。

能量耗散型电路结构简单，但是均衡电阻在分流的过程中，不仅消耗了能量，而且还会由于电阻的发热引起电路的热管理问题。由于其实质是通过能量消耗的办法限制单体电池出现过高或过低的端电压，因此，只适合在静态均衡中使用，其高温升等特点降低了系统的可靠性，不适用于动态均衡。该方式仅适合小型电池组或者容量较小的电池组。

2. 非能量耗散型均衡管理

非能量耗散型均衡电路的耗能相对于能量耗散型均衡电路小很多，但电路结构相对复杂，可分为能量转换式均衡和能量转移式均衡两种方式。

（1）能量转换式均衡。

能量转换式均衡，可以通过开关信号将电池组整体能量对单体电池进行能量补充，或者将单体电池能量向整体电池组进行能量转换。其中，单体能量向整体能量转换，一般都是在电池组充电过程中进行，电路如图4-10所示。该电路是检测各个单体电池的电压值，当单体电池电压达到一定值时，均衡模块开始工作。把单体电池中的充电电流进行分流从而降低充电电压，分出的电流经模块转换将能量反馈回充电总线，达到均衡的目的。还有的能量转换式均衡，可以通过续流电感完成单体到电池组的能量转换。

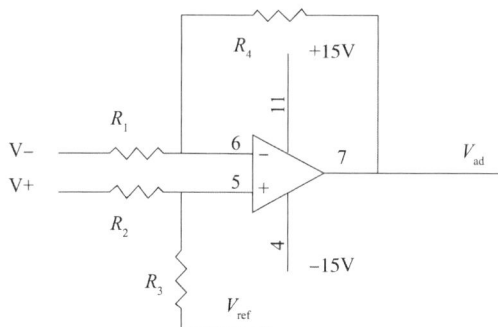

图4-10　单体电压向整体电压转换

电池组整体能量向单体转换，电路如图4-11所示。这种方式也称为补充式均衡，即在充电过程，首先通过主充电模块对电池组进行充电，电压检测电路对每个单体电池进行监控。当任一单体电池的电压过高，主充电电路就会关闭，然后补充式均衡充电模块开始对电池组充电。通过优化设计，均衡模块中充电电压经过一个独立的 DC/DC 变换器和一个同轴线圈变压器，给每个单体电池上增加相同的次级绕组。这样，单体电压高的电池从辅助充电电路上得到的能量少，而单体电压低的电池从辅助充电器上得到的能量多，从而达到均衡的目的。此方式的问题在于次级绕组的一致性难以控制，即使次级绕组匝数完全相同，考虑到变压器漏感以及次级绕组之间的互感，单体电池也不一定获得相同的充电电压。同时，同轴线圈也存在一定的能量耗散，并且这种方式的均衡只有充电均衡，对于放电状态的不均衡无法起作用。

能量转化式电路是一种通过开关电源来实现能量实现的电路。相对于能量转移式均衡电路来说，它的电路复杂程度降低了很多，成本也降低了。但对同轴线圈，由于绕组到各单体之间的导线长度和形状不同，变压比有差异，导致对每个单体电池均衡的不一致，存在均衡误差。另外同轴线圈本身由于电磁泄漏等问题,也消耗了一定的能量。

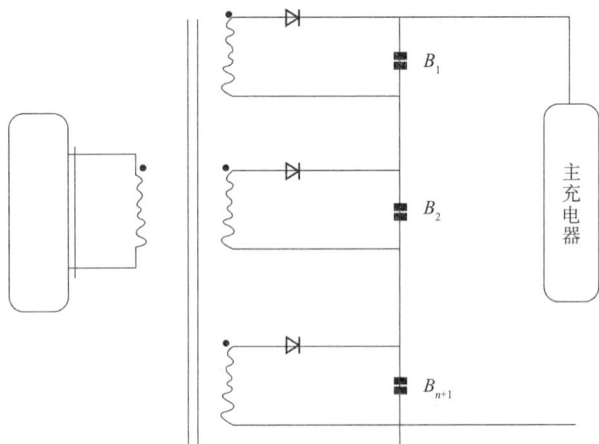

图 4-11　电池组整体能量向单体转换

（2）能量转移式均衡。

能量转移式均衡是利用电感或电容等储能元件,把能量从电池组中容量高的单体电池,通过储能元件转移到容量比较低的电池上,如图 4-12 所示。该电路是通过切换电容开关传递相邻电池间的能量,从而达到均衡的目的。另外,也可以通过电感储能的方式,对相邻电池间进行双向传递。此电路的能量损耗很小,但是均衡过程中必须有多次传输,均衡时间长,不适于多串的电池组。改进的电容开关均衡方式,可通过选择最高电压单体电池与最低电压单体电池间进行能量转移,从而使均衡速度加快。能量转移式均衡中能量的判断以及开关电路的实现较困难。

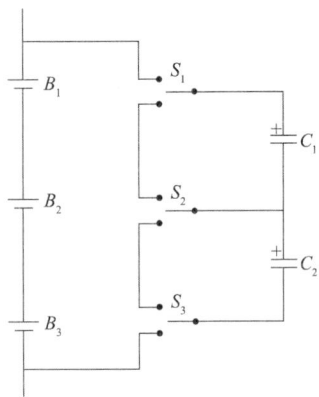

图 4-12　能量转移式均衡

能量转移式均衡是一种电池容量补偿的方法,就是从容量高的电池取出一些电量来补偿容量低的电池。这个方法虽然可行,但是由于在实际电路中需要对各个单体电池电压进行检测判断,电路会很复杂,且体积大、成本高。另外,能量的转移是通过一个储能媒介来实现的,存在一定的消耗及控制问题。该均衡方式一般应用于中大型电池组中。

除上述均衡方法外,在充电应用过程中,还可采用涓流充电的方式实现电池的均衡。这是最简单的方法,不需要外加任何辅助电路。其方法是对串联电池组持续用小电流充电。由于充电电流很小,这时的过充电对满充电池所带来的影响并不严重。由于已经充满的电池无法将更多的电能转换成化学能,多余的能量将会转化成热量。而对于没有充满的电池,却能继续接收电能,直至到达满充点。这样,经过较长的周期,所有的电地都将会达到满充状态,从而实现了容量均衡。但这种方法需要很长的均衡充电时间,且消耗相当大的能量来达到均衡。另外,在放电均衡管理上,这种方法是不能起任何作用的。

3.电池均衡管理系统应用中存在的问题

现有的电池均衡方案中,基本上是以电池组的电压来判断电池的容量,是一种电压均衡方式。这样,要达到对电池组均衡的目的,对电压检测的准确性和精度要求很高,而电压检测电路漏电流的大小,直接影响了电池组的一致性。因此,设计出简单、高效的电压检测电路是均衡电路需要解决的一个问题。

同时,电压不是电池容量的唯一量度,电池内阻及连接方式的接触电阻也会导致电池电压的变化,因此,如果一味地按照电压进行均衡,将会导致过度均衡,从而浪费能量。极端情况下,有可能导致容量均衡的电池组出现不均衡。

(七)动力蓄电池的热管理

1.动力蓄电池热管理系统的功能

由于过高或过低的温度都将直接影响动力蓄电池的使用寿命和性能,并有可能导致电池系统的安全问题,并且电池箱内温度场的长久不均匀分布将造成各电池模块、单体电池间性能的不均衡,因此,电池热管理系统对于电动汽车动力蓄电池系统而言是必需的。可靠、高效的热管理系统对于电动汽车的安全可靠应用意义重大。

电池组热管理系统有如下五项主要功能:

(1)电池温度的准确测量和监控。

(2)电池组温度过高时的有效散热和通风。

(3)低温条件下的快速加热。

(4)有害气体产生时的有效通风。

(5)保证电池组温度场的均匀分布。

2.电池内传热的基本方式

电池内热传递方式主要有热传导、对流换热和辐射换热三种方式。电池和环境交换的热量也是通过辐射、传导和对流三种方式进行。

(1)热辐射主要发生在电池表面,与电池表面材料的性质相关。

(2)热传导是指物质与物体直接接触而产生的热传递。电池内部的电极、电解液、集流体等都是热传导介质,而将电池作为整体,电池和环境界面层的温度和环境热传导性质决定了环境中的热传导。

(3)热对流是指电池表面的热量通过环境介质(一般为流体)的流动交换热量,它也和温差成正比。

对于单体电池内部而言,热辐射和热对流的影响很小,热量的传递主要是由热传导决定的。电池自身吸热的大小是与其材料的比热容有关,比热容越大,散热越多,电池的温升越小。如果散热量大于或等于产生的热量,则电池温度不会升高。如果散热量小于所产生的热量,热量将会在电池体内产生热积累,电池温度升高。

3.电池组热管理系统设计实现

按照传热介质,可将电池组热管理系统分为空冷、液冷和相变材料冷却三种。考虑到材料的研发以及制造成本等问题,目前最有效且最常用的散热系统是采用空气作为散热介质。

按照散热风道结构,空冷系统又可分为串行通风方式和并行通风方式两种,分别如图 4-13 和图 4-14 所示。

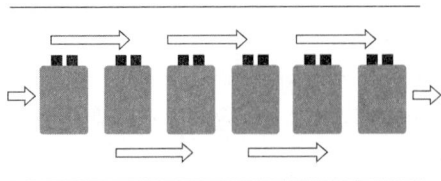

图 4-13　串行通风方式　　　　　　　　　　图 4-14　并行通风方式

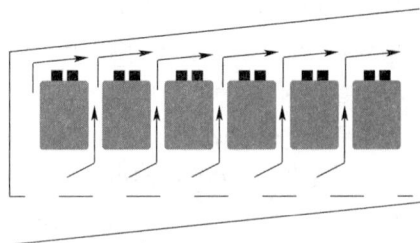

串行通风情况下一般是使空气从电池包一侧流往另外一侧,从而达到带走热量的效果。这时,气流会将先流过地方的热量带到后流过的地方,从而导致两处温度不一致且温差较大。而并行通风情况下模块间空气都是直立上升气流,这样能够更均匀地分配气流,从而保证电池包中各处的散热一致。

热管理系统按照是否有内部加热或制冷装置可分为被动式和主动式两种。被动系统成本较低,采取的设施相对简单;主动系统相对复杂,并且需要更大的附加功率,但效果较为理想。图 4-15 ~ 图 4-17 为空气加热与散热主、被动结构示意图。

图 4-15　被动加热与散热(外部空气流通)

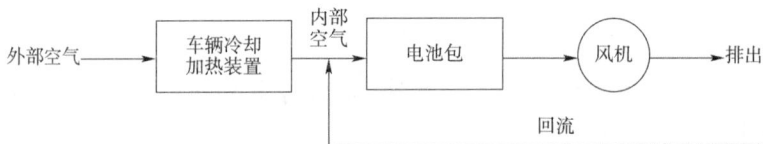

图 4-16　被动加热与散热(内部空气流通)

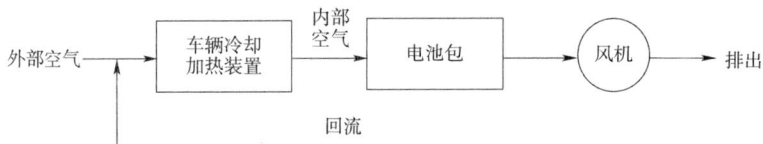

图 4-17　主动加热与散热(外部和内部空气流通)

图 4-15 和图 4-16 中,尽管空气是经过汽车空调或供暖系统冷却和加热的,但它仍然被认为是一种被动系统。运用这种被动系统,由于引入环境空气温度的不一致性,环境空气必须在一定温度范围(10 ~ 35℃)中才能正常进行热管理,在极冷或极热环境条件下,运行电池包可能会产生更大的不均匀。

加热系统中,除了采用将热空气引入电池包中的方式外,还可以采用其他方式,如图 4-18 ~ 图 4-21 所示(以方形电池为例)。

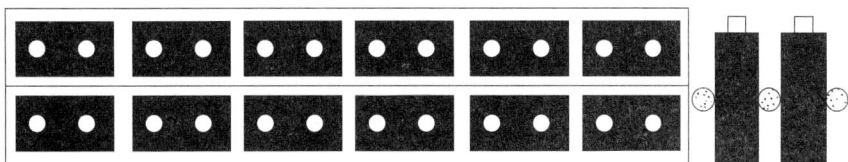

图 4-18　电池列前后缠绕硅胶加热线

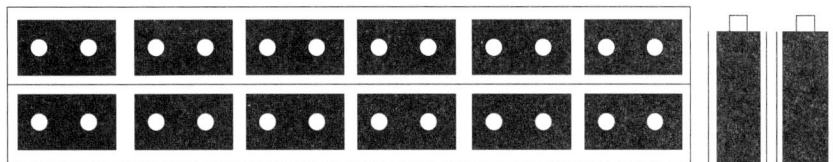

图 4-19　电池列间添加电热膜

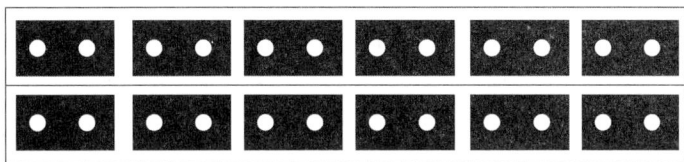

图 4-20　电池本体上包覆电热膜

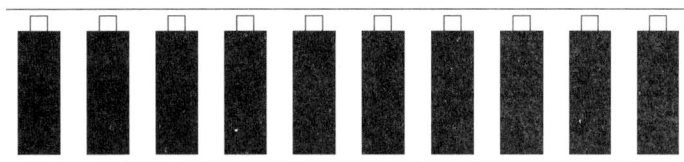

图 4-21　电池上、下添加加热板

(八)动力蓄电池的电安全管理及数据通信

1.动力蓄电池电安全管理及数据通信

电安全管理系统主要功能包括烟雾报警、绝缘检测、自动灭火、过电压和过电流控制、过放电控制、防止温度过高、在发生碰撞的情况下关闭电源等。

电动车辆动力蓄电池系统常用的电压有 288V、350V、544V 以及 800V 等,已经大大超过了人体可以承受的安全电压,因此,电气绝缘性能是电安全管理的重要内容,绝缘性能的好坏不仅关系到电气设备和系统能否正常工作,更重要的是还关系到人的生命财产安全。

现阶段电池包外壳多采用金属材料制成,要求在符合表 4-2 规定的电压条件下,电池包正极和负极与金属外壳之间的绝缘电阻应大于 10MΩ。

绝缘电阻试验的电压等级(单位:V)　　　　　　　　　　表 4-2

蓄电池包额定工作电压(单箱)	绝缘电阻测试仪器的电压等级
$U_i \leqslant 60$	250
$60 < U_i \leqslant 300$	500
$300 < U_i \leqslant 750$	1000

动力蓄电池在电动车辆上安装应用，因此，必须满足车辆部件的耐振动、耐冲击、耐跌落、耐烟雾等强度和可靠性要求，保证可靠应用。为满足防水、防尘要求，电池包应满足一定IP防护等级，根据车辆的总体要求，一般的IP防护等级要求不低于IP55。在极端工况下，通过电池安全管理系统应能实现电池包的高压断电保护、过流断开保护、过放电保护、过充电保护等功能。

2.烟雾报警

在车辆行驶过程中，由于路况复杂及电池本身的工艺问题，可能由于过热、挤压和碰撞等原因而导致电池出现冒烟或着火等极端恶劣的事故，若不能及时发现并有效处理，势必导致事故的进一步扩大，对周围电池、车辆以及车上乘员构成威胁，严重影响车辆运行的安全性。为防患于未然，近年来烟雾检测被引入电池管理系统的监测中，并越来越受到重视。

烟雾传感器种类繁多，从检测原理上可以分为三大类：

（1）利用物理、化学性质的烟雾传感器，如半导体烟雾传感器、接触燃烧烟雾传感器等。

（2）利用物理性质的烟雾传感器，如热导烟雾传感器、光干涉烟雾传感器、红外传感器等。

（3）利用电化学性质的烟雾传感器，如电流型烟雾传感器、电势型气体传感器等。

由于烟雾的种类繁多，一种类型的烟雾传感器不可能检测所有的气体，通常只能检测某一种或两种特定性质的烟雾。例如，氧化物半导体烟雾传感器主要检测各种还原性烟雾，如CO、H_2等；固体电解质烟雾传感器主要用于检测无机烟雾，如CO_2、H_2、Cl_2、SO_2等。

烟雾传感器在动力蓄电池上应用，需要在了解电池燃烧产生的烟雾构成基础上进行传感器的选择。一般电池燃烧产生大量的CO和CO_2，因此，可以选择对这两种气体敏感的传感器。在传感器的结构选择上，需要适用于车辆长期应用的振动工况，防止由于路面灰尘、振动引起的传感器误动作。

动力蓄电池管理系统中烟雾报警的报警装置应安装于驾驶员控制台，在接收到报警信号时，迅速发出声光报警和故障定位，保证驾驶员能够及时发现，能接收报警器发出的报警信号。

以北京理工大学主导开发的奥运电动客车中应用的电池系统烟雾报警系统为例，报警传感器采用9V碱性或碳性电池供电，保证其24h都能正常工作。报警信号采用车上24V蓄电池电源，该路电源单独供应，保证了报警系统工作的独立性。分散的报警器通过内部的烟尘传感器检测烟尘浓度。当烟尘浓度未达到限量时，报警器内部控制器控制继电器输出为开路；当烟尘浓度超过限量时，报警器内部控制器控制继电器输出为短路，将+24V电源迅速引入显示板，与显示板上的-24V电源形成报警回路，发出声光报警信号。该系统结构如图4-22所示。

3.绝缘检测方法

（1）漏电直测法。

在直流系统中，这是一种最简单也是最实用的方法。将万用表置于电流挡，串在电池组正极与设备外壳（或者车身）之间，可检测到电池组负极对壳体之间的漏电流，同样也可以串在负极与壳体之间检测电池组正极对壳体之间的漏电流。该方法简单易行，常用于现场故障检测、车辆例行检查。

比亚迪E6动力蓄电池漏电的检测

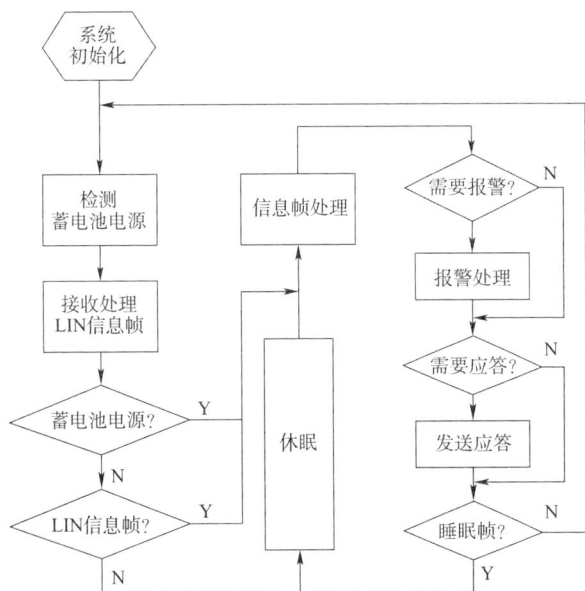

图 4-22 车载烟尘报警系统的结构

（2）电流传感法。

霍尔式电流传感器是检测高压直流系统的一种常见装置。将电池系统的正极和负极动力总线一起同方向穿过电流传感器，当没有漏电流时，从正极流出的电流等于返回到电源负极的电流，因此，穿过电流传感器的电流为零，电流传感器输出电压为零，当发生漏电现象时，电流传感器的输出电压不为零。根据该电压的正负，可以进一步判断该漏电流是来自于电源正极还是负极。但是，应用这种检测方法的前提是待测高压电池包必须处于工作状态，要有工作电流的流入和流出，它无法在系统空载的情况下评价电池系统对地的绝缘性能。

（3）绝缘电阻表测量法。

用绝缘电阻表直接测量绝缘电阻的阻值，这也是最直接的测量方法。

电池管理系统中使用的绝缘电阻测量方法还有平衡电桥法、高频信号注入法和辅助电源法等。随着动力蓄电池的电压越来越高，应用越来越普及，电动汽车的绝缘安全问题显得越发重要，各种绝缘监测的方法也不断地被研究人员设计、验证。

4. 动力蓄电池数据通信系统

数据通信是电池管理系统的重要组成部分之一，主要涉及电池管理系统内部主控板与检测板之间的通信，电池管理系统与车载主控制器、非车载充电机等设备间的通信等，在有参数设定功能的电池管理系统上，还

比亚迪 E5 动力蓄电池监测原理

有电池管理系统主控板与上位机的通信。CAN 通信方式是现阶段电池管理系统通信的主流应用方式，在国内外大量产业化的电动汽车电池管理系统以及国内外关于电池管理系统数据通信标准中均提倡采用该通信方式。

RS232、RS485 总线等方式在电池管理系统内部通信中也有应用。以福田 BJ6123C7C4D 纯电动客车为例，其电池管理系统可实现单体电池电压检测、电池温度检测、电池组工作电流

检测、绝缘电阻检测、冷却风机控制、充放电次数记录和 SOC 的估测等功能。其中,RS232 主要实现主控板与上位机或手持设备的通信,完成主控板、检测板各种参数的设定;RS485 主要实现主控板与检测板之间的通信,完成主控板电池数据、检测板参数的传输;CAN 通信分为 CAN1 和 CAN2 两路,CAN1 主要与车载主控制器通信,完成整车所需电池相关数据的传输;CAN2 主要与车载仪表、非车载充电机通信,实现电池数据的共享,并为充电控制提供数据依据。如图 4-23 所示为福田 BJ6123C7C4D 纯电动客车电池管理系统通信方式示意图。

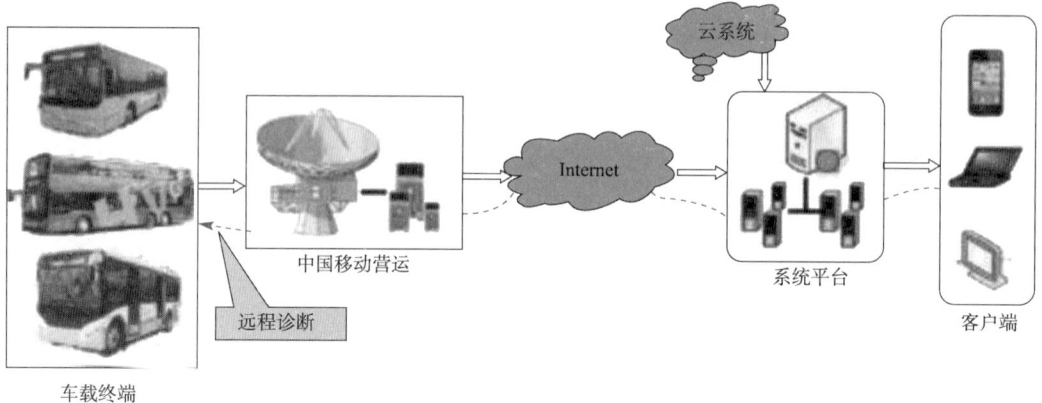

图 4-23　福田 BJ6123C7C4D 纯电动客车电池管理系统通信方式示意图

在车载运行模式下电池管理系统的结构如图 4-24 所示。电池管理系统中央控制模块通过 CAN1 总线,将实时的、必要的电池状态告知整车控制器以及电机控制器等设备,以便采用更加合理的控制策略,既能有效地完成运营任务,又能延长电池使用寿命。同时,电池管理系统(中央控制模块)通过高速 CAN2 将电池组的详细信息告知车载监控系统,完成电池状态数据的显示和故障报警等功能,为电池的维护和更换提供依据。

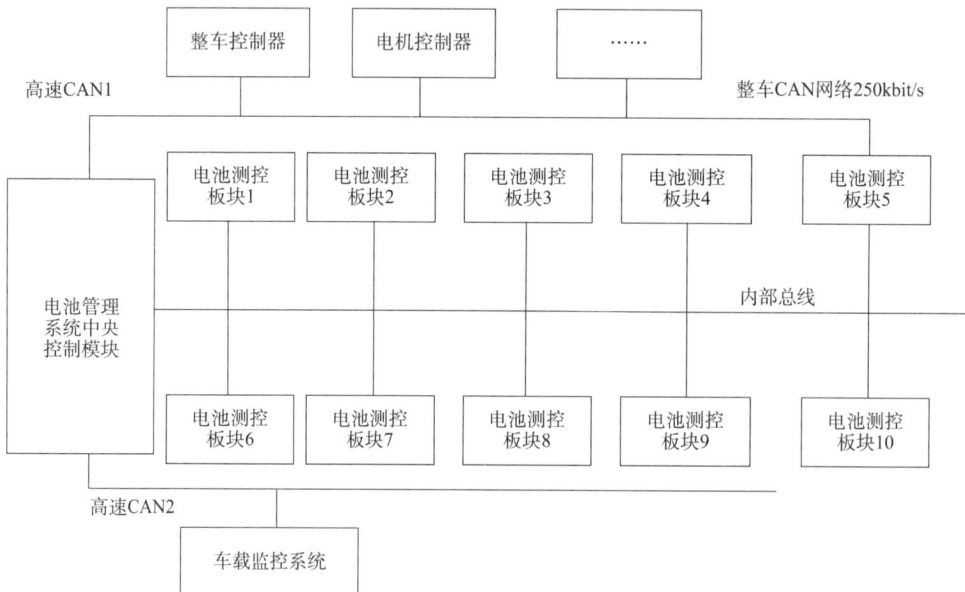

图 4-24　车载运行模式下的电池管理系统的结构

在应急充电模式下电池管理系统结构如图 4-25 所示。充电机实现与电动汽车物理连接。此时的车载高速 CAN2 加入充电机节点,其余不变。充电机通过高速 CAN2 了解电池的实时状态,调整充电策略,实现安全充电。

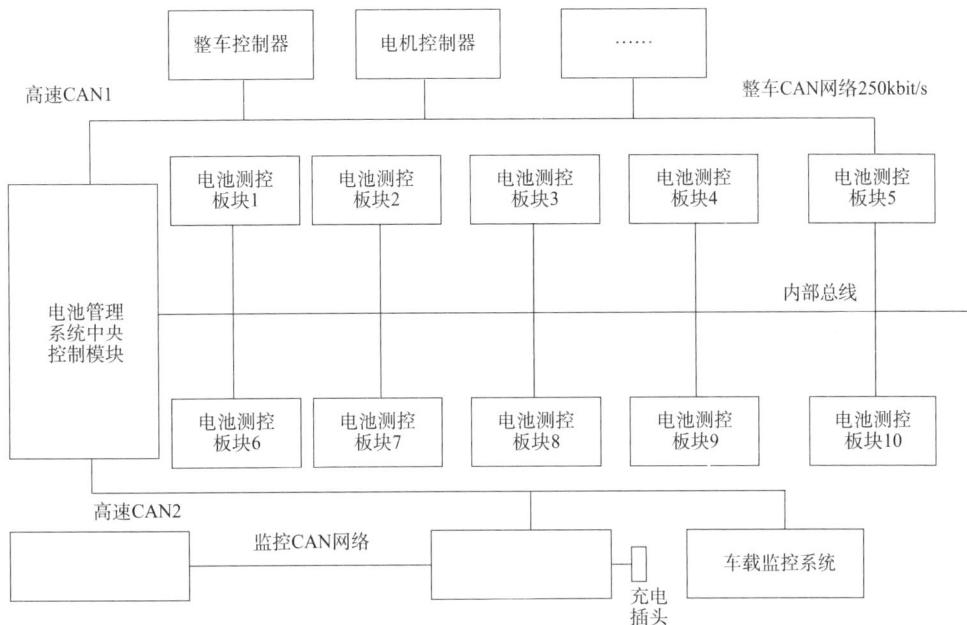

图 4-25　应急充电模式下电池管理系统结构

二、任务实施

(一)工作准备

(1)安全防护:做好车辆安全防护与隔离(车内外三件套、车轮挡块、警示隔离带等)。

(2)工具设备:诊断仪、数字式万用表、兆欧表、绝缘防护用品、绝缘工具套装、常规工具套装等。

(3)台架车辆:荣威 Ei5 整车。

(4)辅助资料:维修手册、教材、实训工作页。

(二)实施步骤

BMS 数据流的读取与分析。

步骤 1:连接诊断仪。

关闭点火开关,连接诊断仪 OBD 接头,打开点火开关,开启诊断仪,如图 4-26 所示。

步骤 2:点击"MaxiSys"软件,点击"诊断"图标,进入车辆诊断系统,如图 4-27 所示。

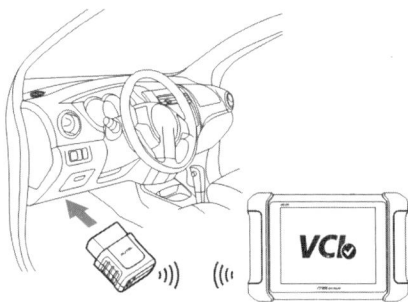

电池管理系统
数据流的读取

图 4-26　连接诊断仪

图 4-27　进入诊断系统

步骤 3：选择需要的车辆品牌和车型（以荣威 Ei5 为例），进入对应车型诊断程序，如图 4-28 所示。

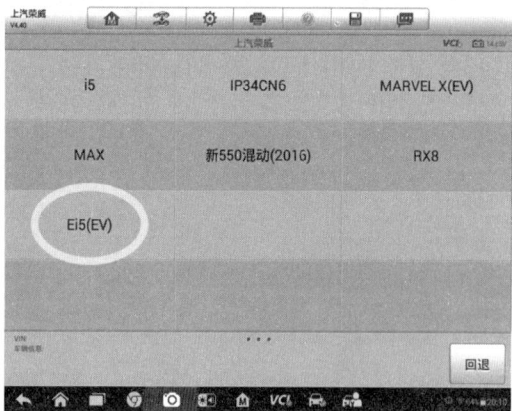

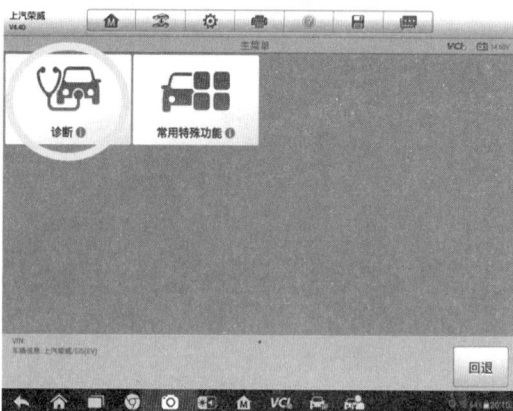

图 4-28　进入车型诊断程序

步骤 4：点击"控制单元"，选择"BMS 电池管理模块"，选择"数据流"，即可对车辆 BMS

进行数据流的读取作业,如图 4-29 所示。

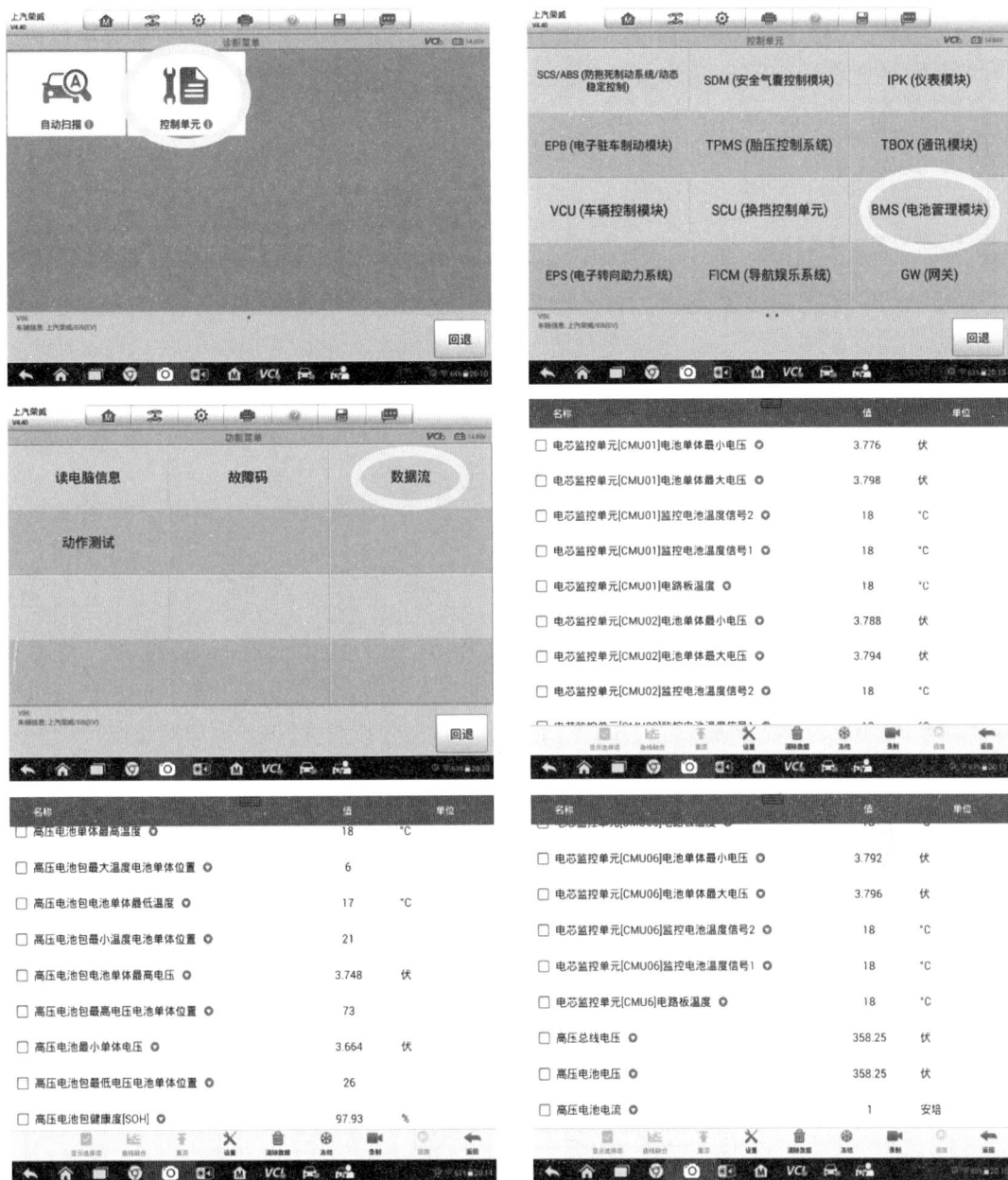

图 4-29　读取 BMS 数据流

步骤 5:显示指定数据流。

数据流的显示条目非常多,为了避免被过多无用内容干扰,可进行某些指定数据流的显示。

选中指定项左侧的复选框,然后点击"显示选择项",那么其他未选中的数据流就会被隐藏,如图 4-30 所示。

名称	值	单位
☐ 高压电池单体最高温度 ❂	18	℃
☐ 高压电池包最大温度电池单体位置 ❂	1	
☐ 高压电池包电池单体最低温度 ❂	17	℃
☐ 高压电池包最小温度电池单体位置 ❂	21	
☑ 高压电池包电池单体最高电压 ❂	3.748	伏
☑ 高压电池包最高电压电池单体位置 ❂	73	
☑ 高压电池最小单体电压 ❂	3.664	伏
☑ 高压电池包最低电压电池单体位置 ❂	26	

名称	值	单位
☑ 高压总线电压 ❂	358.25	伏
☑ 高压电池电流 ❂	1	安培
☑ 高压系统绝缘电阻值 ❂	5016	千欧
☑ 高压电池包电池单体最高电压 ❂	3.747	伏
☑ 高压电池包最高电压电池单体位置 ❂	73	
☑ 高压电池包最小单体电压 ❂	3.664	伏
☑ 高压电池包最低电压电池单体位置 ❂	26	

图 4-30　显示指定数据流

任务2　电池管理系统的检测

任务描述

　　一辆荣威 Ei5 纯电动汽车点火开关能正常打开,但车辆无法行驶,仪表显示"系统故障""低压蓄电池警告灯"点亮且"READY"灯不亮。维修人员结合车辆的症状和行驶里程,建议车主对车辆的电池管理系统进行检修。如果将这一任务委派给你,你知道如何操作吗?

一、知识准备

(一) 电池管理系统低压线束连接器的针脚定义

　　荣威 Ei5 纯电动汽车的电池管理系统集成于动力蓄电池包总成内部,其低压线束连接器及针脚定义如图 4-31 和表 4-3 所示。

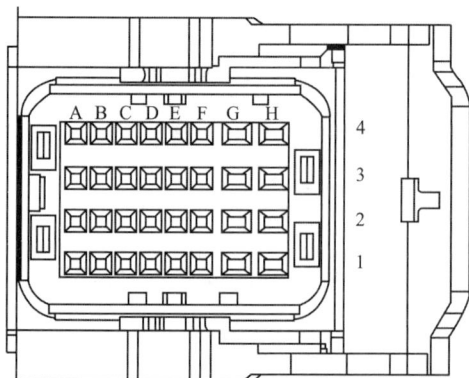

图 4-31　低压线束端连接器 EB212

连接器针脚定义　　　　　　　　　　　　　　　　　　表 4-3

针脚号	描述	针脚号	描述
A1	混合动力高速 CAN 高	E1	快速充电 CAN 高
A2	—	E2	快速充电口连接
A3	—	E3	—
A4	车载充电器连接(如有)	E4	高压电池包冷却液泵驱动
B1	混合动力高速 CAN 低	F1	快速充电 CAN 低
B2	—	F2	快速充电口唤醒
B3	—	F3	—
B4	车载充电器唤醒(如有)	F4	高压电池包水泵驱动
C1	动力高速 CAN 高	G1	电源管理系统能量供给 1
C2	—	G2	—
C3	充电呼吸灯信号(如有)	G3	—
C4	高压互锁源路	G4	电源管理系统能量供给 2
D1	动力高速 CAN 低	H1	电源管理系统搭铁 1
D2	—	H2	—

(二)电池管理系统的诊断故障代码列表

电池管理系统的诊断故障代码(DTC)列表见表 4-4。

电池管理系统的 DTC 列表　　　　　　　　　　　　表 4-4

DTC	FTB (错误类型)	描述	故障灯	故障等级
P0A0C	00	主高压互锁回路失效—低	关	Ⅲ
P0A0D	00	主高压互锁回路失效—高	关	Ⅲ
P0A7D	00	高压电池包电量低	关	Ⅲ
P0A95	00	高压电池包主熔断器损坏	关	Ⅲ
P0AA7	00	电池包电压隔离传感器线路故障	开	Ⅲ
P0AFA	00	高压电池包总电压值过低	开	Ⅱ
P0AFB	00	高压电池包总电压值过高	开	Ⅱ
P0B13	00	"CAB"电流传感器电流值与"LEM"传感器电流值不一致	关	Ⅲ
P0B19	00	电池包电压值错误	关	Ⅲ
P0C44	00	高压电池包冷却液温度过高	开	Ⅱ
P0C45	00	高压电池包冷却液温度过低	开	Ⅱ
P0C78	00	预充电超时	关	Ⅰ

续上表

DTC	FTB (错误类型)	描述	故障灯	故障等级
P1E03	00	电流传感器绝缘检测合理性检查	关	Ⅲ
P1E04	00	外部高压电路与底盘绝缘故障	关	Ⅲ
P1E05	00	内部高压回路与底盘绝缘故障	关	Ⅲ
P1E06	00	绝缘故障	关	Ⅲ
P1E09	00	LEM电流传感器对地短路	开	Ⅲ
P1E0A	00	LEM电流传感器对电源短路	开	Ⅲ
P1E0D	00	高压电池包预充电电阻温度过高	关	Ⅰ
P1E0E	00	电芯压差过大	关	Ⅱ
P1E0F	00	电芯温差过大	开	Ⅲ
P1E11	00	实时时钟故障	开	Ⅲ
P1E1B	00	高压管理单元(HVM)标定值超限或未标定故障	关	Ⅲ
P1E1C	00	放电电流严重超限	关	Ⅰ
P1E1D	00	充电电流严重超限	关	Ⅰ
P1E1E	00	高压电池包放电电流超限	关	Ⅱ
P1E1F	00	高压电池包充电电流超限	关	Ⅱ
P1E22	00	BMS带载掉电	关	Ⅲ
P1E23	00	BMS就绪前HCU/VCU发送主继电器闭合请求	关	Ⅱ
P1E24	00	关键高压信号值错误	开	Ⅰ
P1E26	00	碰撞发生	关	Ⅰ
P1E2B	00	高压互锁回路输入端失效—高	开	Ⅲ
P1E2C	00	高压互锁回路输入端失效—低	开	Ⅲ
P1E2F	00	充电耦合连接状态传感器对电源短路	关	Ⅲ
P1E30	00	12V开关供电电压过高	开	Ⅲ
P1E31	00	12V开关供电电压过低	开	Ⅲ
P1E34	00	5V传感器供电电压过高	开	Ⅲ
P1E35	00	5V传感器供电电压过低	开	Ⅲ
P1E39	00	慢充电流过高	关	Ⅲ
P1E40	00	快充充电电流过大	关	Ⅲ
P1E41	00	慢充电流过低	关	Ⅲ
P1E48	00	12V供电电路电压过低	关	Ⅲ
P1E49	00	12V供电电路电压过高	关	Ⅲ
P1E4C	00	主正继电器粘黏故障(闭合时)	开	Ⅰ

DTC	FTB (错误类型)	描述	故障灯	故障等级
P1E4D	00	主负继电器粘黏故障(闭合时)	关	Ⅲ
P1E51	00	快充继电器粘黏故障(闭合时)	开	Ⅰ
P1E52	00	主正继电器粘黏故障(打开时)	开	Ⅰ
P1E57	00	快充继电器粘黏故障(打开时)	关	Ⅲ
P1E58	00	主正继电器打开故障(闭合时)	开	Ⅰ
P1E59	00	主负继电器打开故障(闭合时)	开	Ⅰ
P1E5A	00	主预充电继电器打开故障(闭合时)	开	Ⅰ
P1E5E	00	快充继电器打开故障(闭合时)	开	Ⅰ
P1E5F	00	主正继电器两端电压差超限值(闭合时)	开	Ⅰ
P1E60	00	主负继电器两端电压差超限值(闭合时)	开	Ⅰ
P1E64	00	快充继电器两端电压值超限(闭合时)	开	Ⅰ
P1E70	00	电池单体电压高	关	Ⅱ
P1E71	00	电池单体电压过高	开	Ⅰ
P1E72	00	电池单体电压低	关	Ⅱ
P1E73	00	电池单体电压过低	开	Ⅰ
P1E75	00	电池单体温度过高	关	Ⅱ
P1E76	00	电池单体严重过温	开	Ⅰ
P1E77	00	电池单体温度过低	关	Ⅲ
P1E79	00	电芯监控单元[CMU01]温度检测故障	关	Ⅲ
P1E7A	00	电芯监控单元[CMU02]温度检测故障	关	Ⅲ
P1E7B	00	电芯监控单元[CMU03]温度检测故障	关	Ⅲ
P1E7C	00	电芯监控单元[CMU04]温度检测故障	关	Ⅲ
P1E7D	00	电芯监控单元[CMU05]温度检测故障	关	Ⅲ
P1E7E	00	电芯监控单元[CMU06]温度检测故障	关	Ⅲ
P1E7F	00	电芯监控单元[CMU07]温度检测故障	关	Ⅲ
P1E80	00	电芯监控单元[CMU08]温度检测故障	关	Ⅲ
P1E82	00	慢充充电器要求高压电池管理系统紧急下电	关	Ⅲ
P1E87	00	从EEPROM中读取DTC值故障	关	Ⅲ
P1E8B	00	电芯监控单元[CMU01]电压检测故障	关	Ⅲ
P1E8C	00	电芯监控单元[CMU02]电压检测故障	关	Ⅲ
P1E8D	00	电芯监控单元[CMU03]电压检测故障	关	Ⅲ
P1E8E	00	电芯监控单元[CMU04]电压检测故障	关	Ⅲ

DTC	FTB (错误类型)	描述	故障灯	故障等级
P1E8F	00	电芯监控单元[CMU05]电压检测故障	关	Ⅲ
P1E90	00	电芯监控单元[CMU06]电压检测故障	关	Ⅲ
P1E91	00	电芯监控单元[CMU07]电压检测故障	关	Ⅲ
P1E92	00	电芯监控单元[CMU08]电压检测故障	关	Ⅲ
P1E94	00	高压电池包总电压与模块累计电压值不匹配	关	Ⅱ
P1E96	00	12V蓄电池电压超出范围	开	Ⅲ
P1E97	00	充电耦合连接状态传感器对地短路	关	Ⅲ
P1E9B	00	充电耦合连接状态传感器超出范围	关	Ⅲ
P1E9C	00	空调压缩机熔断器故障	关	Ⅲ
P1E9D	00	唤醒信号丢失	关	Ⅲ
P1EA1	00	"CAB"电流传感器故障	开	Ⅲ
P1EA2	87	"CAB"电流传感器信号去失	关	Ⅲ
P1EAA	00	5V供电电压过高	开	Ⅲ
P1EAB	00	5V供电电压过低	开	Ⅲ
P1EAE	00	慢充充电电流与电池管理系统(BMS)需求电流不匹配	关	Ⅲ
P1EAF	00	慢充充电电压与电池管理系统(BMS)需求电压不匹配	关	Ⅲ
P1EB1	00	车载充电器故障	关	Ⅲ
P1EB2	00	慢充过程中检测的绝缘值过低	关	Ⅲ
P1EB4	88	内部CAN总线关闭	关	Ⅲ
P1EC1	00	在继电器吸合前低压电池电压过低	关	Ⅲ
P1EC2	00	车载充电器熔断器故障	关	Ⅲ
P1EC7	00	电芯监控单元[CMU09]电压检测故障	关	Ⅲ
P1F3A	87	电芯监控单元[CMU10]与BMS主控制器失去通信	开	Ⅲ
P1F3B	87	电芯监控单元[CMU11]与BMS主控制器失去通信	开	Ⅲ
P1F3C	87	电芯监控单元[CMU12]与BMS主控制器失去通信	开	Ⅲ
P1F63	00	手动维修开关(MSD)未安装	关	Ⅲ
P1F64	00	慢充充电口温度过高	关	Ⅲ
P1F65	00	慢充充电口硬件故障	关	Ⅲ
P1F66	00	快充充电口硬件故障	关	Ⅲ
P1F68	00	快充充电连接确认信号线(CC2)信号电压传感器故障	关	Ⅲ
P1F6B	00	电芯温度传感器信号线开路	关	Ⅲ
P1F6C	00	电芯电压传感器信号线开路	开	Ⅲ

DTC	FTB (错误类型)	描述	故障灯	故障等级
P1F6F	00	ECU 内部故障—MCU FCCU 寄存器指示故障	关	III
P1F70	00	模拟前端电路温度超范围测试故障	关	III
P1F71	00	模拟前端电路温度过高标志位指示故障	关	III
P1F72	00	模拟前端电路温度过低标志位指示故障	关	III
P1F73	00	模拟前端电路系统电压 ADC 滤波器指示故障	关	III
P1F74	00	模拟前端电路电芯温度信号校验和失效	关	III
P1F75	00	模拟前端电路电压温度信号校验和失效	关	III
P1F76	00	模拟前端电路设备地址配置无效	关	III
P1F77	00	模拟前端电路温度命令地址配置无效	关	III
P1F78	00	模拟前端电路均衡通道诊断失效	关	III
P1F79	00	模拟前端电路设备故障信号校验和失效	关	III
P1F7A	00	模拟前端电路集成电路温度信号校验和失效	关	III
P1F7B	00	模拟前端电路模组温度信号校验和失效	关	III
P1F7C	00	模拟前端电路单体电压信号无效	开	III
P1F7D	00	模拟前端电路单体温度信号无效	关	III
P1F7F	00	快充负继电器电闭合前电压超过限制	关	I
P1F80	00	电池包静态下（无电流）电芯压差大	开	III
P1F82	00	从安全气囊控制模块（SDM）接收到无效数据	关	III
P1F85	00	ISC 电机高压互锁故障	关	III
P1F86	00	空调压缩机高压互锁故障	关	III
P1F87	00	DCDC 高压互锁故障	关	III
P1F88	00	PWM 冷却泵对电源短路	关	III
P1F89	00	PWM 冷却泵对地短路	关	III
P1F8A	00	电池包热失控	关	I
P1F8B	98	快充充电口温度过高	关	III
P1F8C	98	慢充充电口温度过高	关	III
P1F94	00	CMU 温度采样卡滞	关	III
P1F95	00	CMU 温度参考电压不在正常范围	关	III
P1F96	00	HCU 闭合继电器指令无效	关	III
U0073	88	动力总成高速 CAN 总线关闭	关	III
U0074	88	混合动力高速 CAN 总线关闭	关	II
U0077	88	快充通信 CAN 总线关闭	关	III

续上表

DTC	FTB (错误类型)	描述	故障灯	故障等级
U0146	87	与网关(GW)失去通信	关	Ⅲ
U0198	87	与远程通信模块(TBOX)失去通信	关	Ⅲ
U0293	87	与混动/整车控制单元(HCU/VCU)失去通信	关	Ⅱ
U1112	87	与充电模块失去通信	关	Ⅲ
U1562	17	蓄电池电压过高	关	Ⅲ
U1563	16	蓄电池电压过低	关	Ⅲ

故障等级说明:

Ⅰ——立即停车维修;

Ⅱ——小心驾驶至4S店维修;

Ⅲ——尽快修理或维护时修理;

Ⅳ——不需要维修。

二、任务实施

(一)工作准备

(1)安全防护:车辆安全防护与隔离(车内外三件套、车轮挡块、警示隔离带等)。

(2)工具设备:汽车故障诊断仪、数字式万用表、兆欧表、绝缘防护用品、绝缘工具套装、常规工具套装、动力蓄电池拆装升降台等。

(3)实训车辆:荣威Ei5整车。

(4)辅助资料:教材、维修手册、实训任务单。

电池管理系统控制
单元的检测

(二)实施步骤

电池管理系统的故障诊断。

图4-32 安全防护

步骤1:安全防护。

电动车辆的维修需要注意高压漏电的故障现象,且维修过程中有可能会使高压端子裸露在外,因此在维修开始操作之前要设置好隔离带,以免未经允许的人员进入场地发生触电事故。正确做法是设置隔离带及警示牌,并做好车内防护及翼子板防护,如图4-32所示。

步骤2:确认故障现象。

客户反映荣威Ei5纯电动汽车点火开关能正常打开,但车辆无法行驶,仪表显示"系统故障""低压蓄电池警告灯"点亮且"READY"灯不亮。根据客户所述故障现象,确认故障现象,并再次验证故障产生条件,争取故障再现,如图 4-33 所示。

步骤 3：读取故障码。

故障码显示为 U111(与高压电池管理系统失去通信)、U1112(与车载充电器失去通信)及网络帧超时相关故障码,如图 4-34 所示。

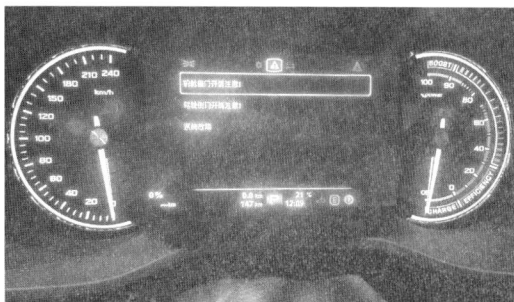

图 4-33 故障车辆仪表显示

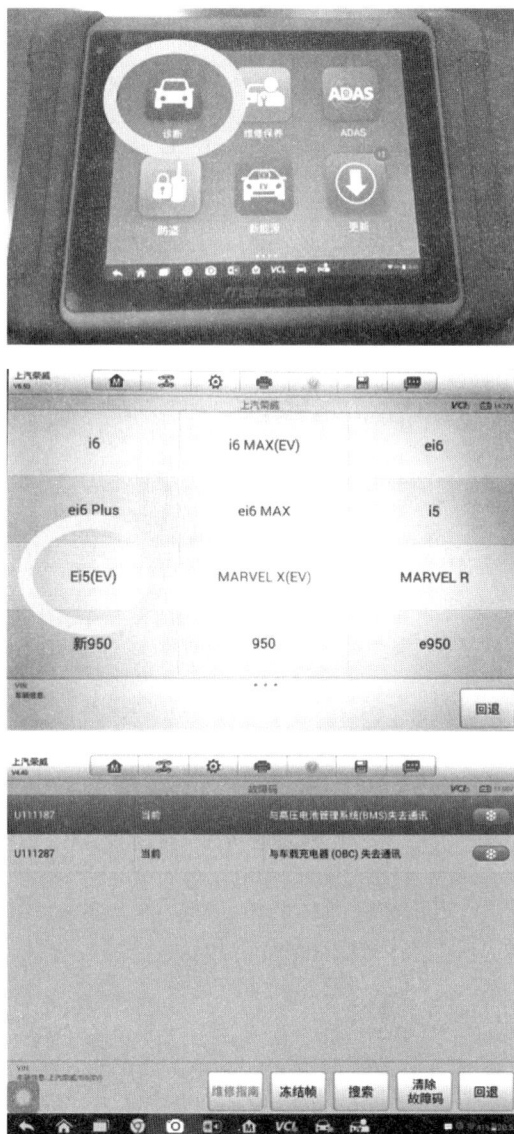

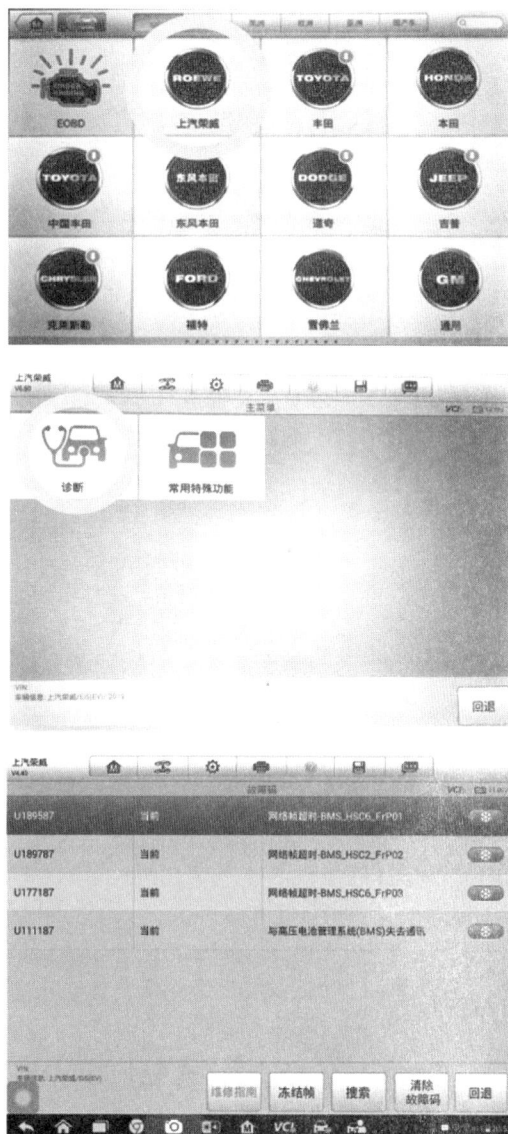

图 4-34 读取故障码

步骤4:清除故障码并再次读取。

因第一次读取的故障码可能会包含已经修复但未清除的故障码,所以需要进行清除后再次读取。如图4-35所示,故障码依旧为U111(与高压电池管理系统失去通信)、U1112(与车载充电器失去通信)及网络帧超时相关故障码。

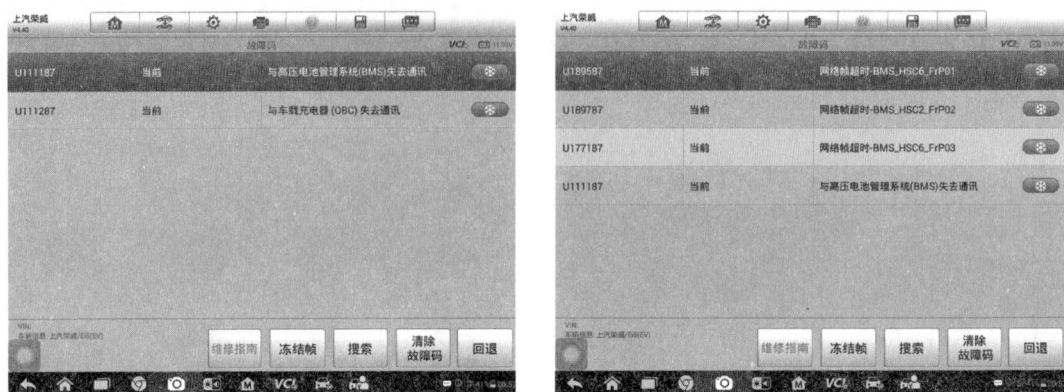

图4-35　清除故障码并再次读取

步骤5:根据故障码进行故障诊断。

读取出故障码后,根据所读的故障码,结合荣威Ei5电路图(图4-36)进行故障诊断:

(1)点火开关打开,用万用表检测蓄电池电压,显示为11.9V,不正常(正常为13～14V),如图4-37所示。

(2)检测高压电池包G1脚对地电压,显示为0V,不正常(正常为蓄电池电压),如图4-38所示。

(3)检测高压电池包G4脚对地电压,显示为0V,不正常(正常为蓄电池电压),如图4-39所示。

(4)检测车载充电器1脚对地电压,显示为0V,不正常(正常为蓄电池电压),如图4-40所示。

(5)关闭点火开关,拔下EF11熔断器并测量电阻,显示为无穷大,不正常(正常为0Ω),如图4-41所示。

最终确定故障点位置,制订故障排除方案(更换EF11熔断器)。

步骤6:排除故障并验证。

根据所制订的故障排除方案,更换EF11熔断器,进行故障排除验证。打开点火开关,仪表显示正常,"READY"灯点亮,车辆能够正常行驶且无故障码,确定故障已经排除,如图4-42、图4-43所示。

步骤7:车辆及场地清理。

作业完成后,需要根据5S标准,将车辆及场地清理干净,将工具及设备设施复原,以此养成良好的职业素养,为下一次作业的顺利开展做准备。

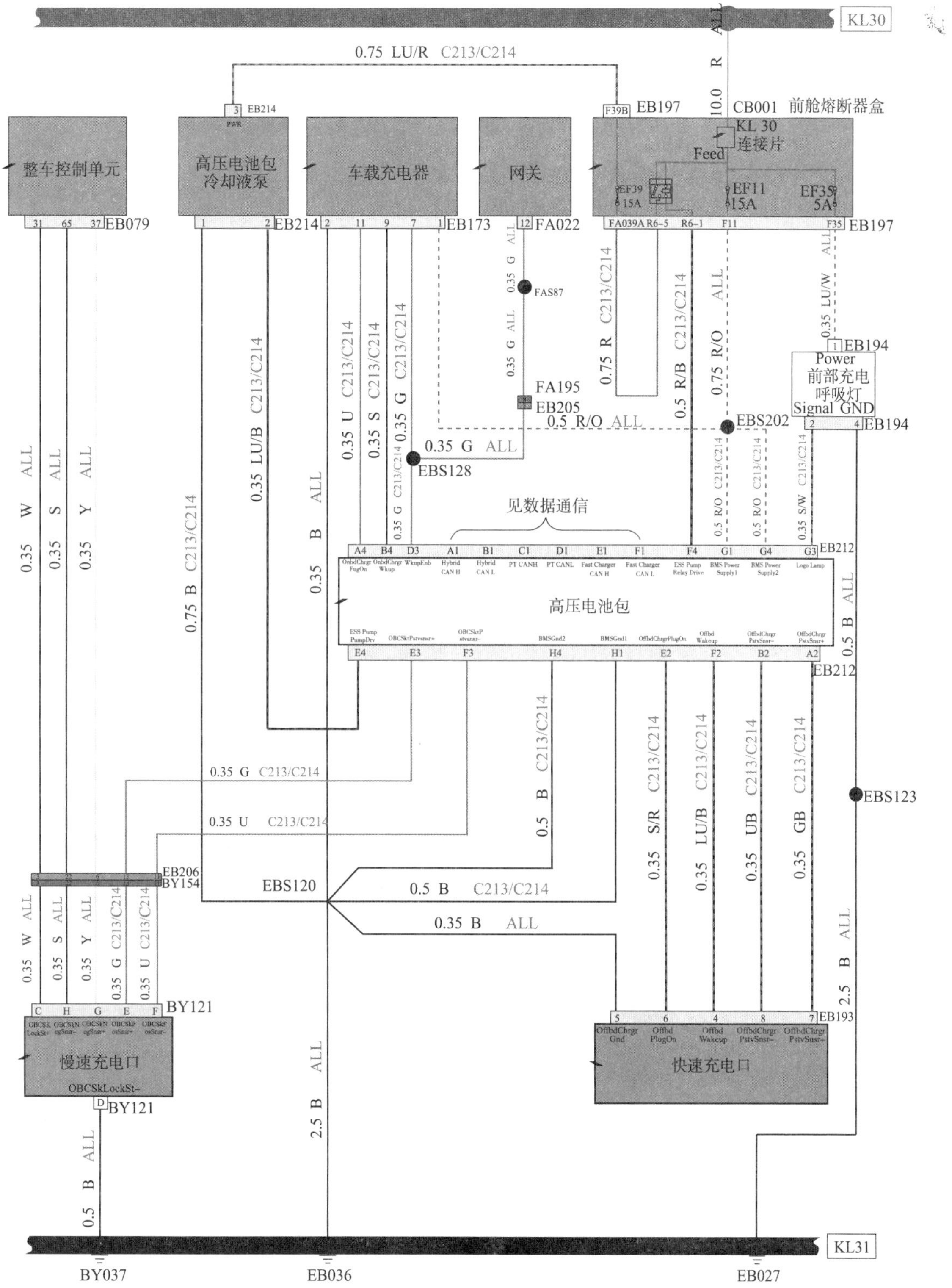

图 4-36 荣威 Ei5 电路图

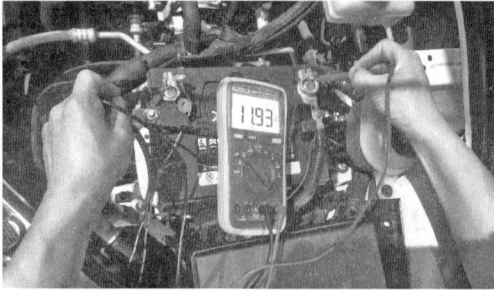

图 4-37　蓄电池电压

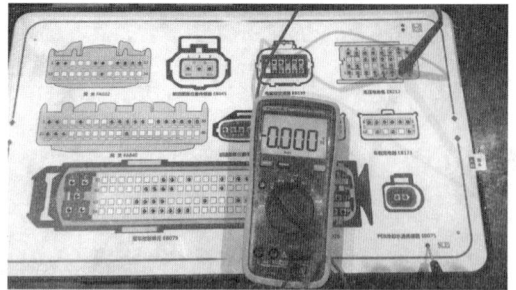

图 4-38　高压电池包 G1 对地电压

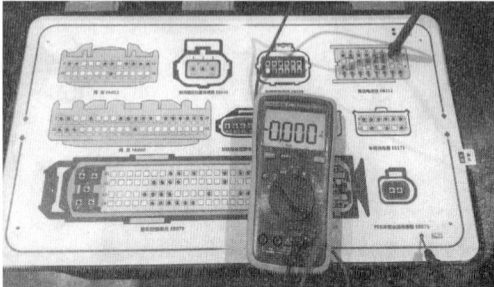

图 4-39　高压电池包 G4 对地电压

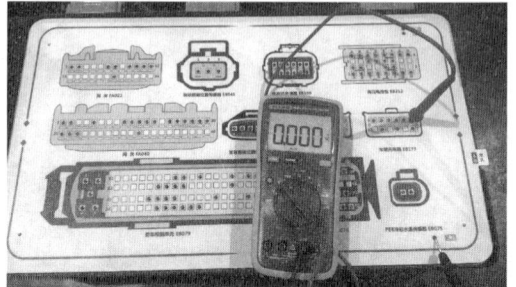

图 4-40　车载充电器 1 脚对地电压

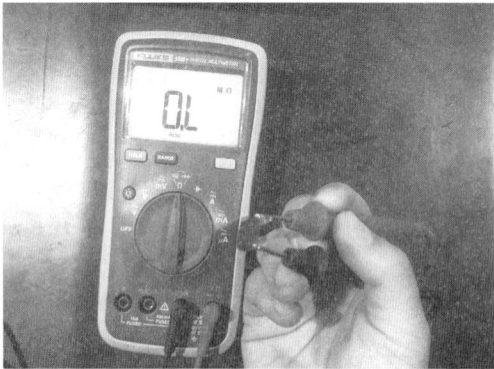

图 4-41　熔断器电阻

图 4-42　仪表显示正常

图 4-43　无故障码

习题

一、填空题

1.电池管理系统主要功能包括：_____、_____、_____、_____、_____、_____、_____和人机接口。

2.SOC 估算精度的影响因素有_____、_____、_____、自放电和_____等。

3.电池内热传递方式主要有_____、_____和_____三种方式。

4.BMS 安全管理是指 BMS 监视电池电压、电流、温度是否超过正常范围,防止电池组_____、_____和_____。

二、判断题

1.电池管理系统的通信功能是指通过电池管理系统实现电池参数和信息与车载设备或非车载设备的通信。　　　　　　　　　　　　　　　　　　（　　）

2.由于电池的一致性差异导致电池组的工作状态是由最好电池单体决定的。　（　　）

3.电池组热管理系统按照散热风道结构,空冷系统又可分为串行通风方式和并行通风方式两种。　　　　　　　　　　　　　　　　　　　　　（　　）

4.电池温度采集方法有热敏电阻采集法、热电偶采集法和集成温度传感器采集法。
　　　　　　　　　　　　　　　　　　　　　　　　　　　　　　（　　）

三、选择题

1.下列不属于动力蓄电池电安全管理的是(　　)。

A.烟雾报警　　　　B.绝缘检测　　　　C.防止温度过低

2.在电池工作电流采集中,下列不是霍尔元件电流传感器特点的是(　　)。

A.插入无损耗　　　B.电气隔离　　　　C.成本低

任 务 工 单

项目一　电池的认知与检测

任务 1　常见电池的认知

学生姓名		班级		学号	
实训场地		学时		日期	
客户任务	一名客户来到4S店想要购买一台荣威 Ei5 纯电动轿车,询问荣威 Ei5 的动力蓄电池是什么类型的,请你为客户介绍一下常见电池的基本知识				
工作准备	(1)防护装备:防护用品一套(工作服、绝缘劳保鞋、护目镜、绝缘头盔、绝缘手套)。 (2)车辆、台架、总成:荣威 Ei5 或其他纯电动汽车一辆。 (3)专用工具、设备:拆装专用工具。 (4)手工工具:新能源汽车维修组合工具。 (5)辅助材料:高压电维修警示牌和设备、绝缘地胶、二氧化碳类型灭火器、清洁剂				
任务要求	本操作任务主要是完成对新能源汽车电池类型的认知。 (1)纯电动汽车电池类型的认知。 (2)纯电动汽车电池作用的认知。 警告:不要试图分解电池总成,避免造成人身伤害及电池损坏				

资讯

请阅读教材中的"相关知识"回答以下问题。

(1)铅酸电池在新能源汽车上的主要作用是什么?

_____

_____

_____

(2)超级电容器可满足新能源汽车哪些使用需求?

_____

_____

(3)新能源汽车上采用的有哪些类型的电池?

_____

_____

_____

计划和决策

请根据任务要求,确定所需要的场地和物品,并对小组成员进行合理分工,制订详细的工作计划。

一、制订人员分工方案

小组编号:_____ 小组组长:_____

小组成员:_____ 你的任务:_____

二、检查场地与物品

检查并记录完成任务需要的场地、设备、工具及材料。

1. 场地

检查工作场地是否清洁及存在安全隐患,如不正常,请向教师汇报并及时处理。

记录:_____

2. 车辆、充电桩及其他

(1)车辆:_____

(2)充电桩:_____

(3)其他:_____

3. 防护装备、设备及工具

(1)防护装备:_____

(2)设备及工具:_____

4. 安全要求及注意事项

(1)实训车辆停在实训工位上,没有经过教师批准不可起动。经教师批准起动前,首先应检查车轮的安全挡块是否放好,驻车制动器操纵杆是否拉紧,变速杆是否放在 P 挡位置上,确认车前是否有人。

(2)禁止触碰任何带安全警示标识的部件。

(3)实训期间禁止嬉戏打闹。

三、制订工作方案

根据任务,小组进行讨论,确定工作方案(流程/工序),并记录。

_____

_____

_____

实施和检查

单体电池的识别

序号	内容	要求	完成情况
1		(1)正确判断电池的类型。 (2)正确描述电池的特点	□完成 □部分完成 □未完成
2		(1)正确判断电池的类型。 (2)正确描述电池的特点	□完成 □部分完成 □未完成
3	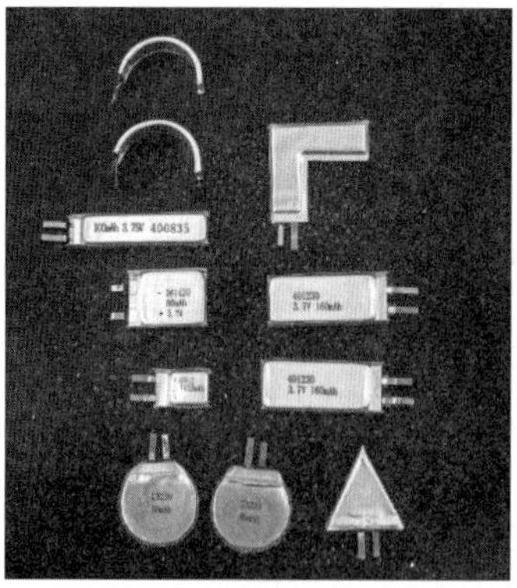	(1)正确判断电池的类型。 (2)正确描述电池的特点	□完成 □部分完成 □未完成

序号	内容	要求	完成情况
4	场地清理	将实训场地清理干净，将工具及设备设施复原	□完成 □部分完成 □未完成

本操作任务主要是让学生掌握新能源汽车常见电池的认知。在学习理论知识基础上，使学生对电池作用及特点有一定的了解。

评估

根据任务完成情况学生自我评分，教师或指定组长过程巡视/验收检查时，若发现问题直接扣分。

项目评估(分值)	自我评估	小组评估	教师评估
资讯(5)			
计划和决策(5)			
实施和检查(10)			
合计(20)			
总评			

教师签名：_____

任务 2　单体电池的认知

学生姓名		班级		学号	
实训场地		学时		日期	
客户任务	一名客户购买的荣威 Ei5 纯电动汽车需要更换单体电池,询问荣威 Ei5 的单体电池是什么类型的,请你为客户介绍一下单体电池的基本知识				
工作准备	(1)防护装备:防护用品一套(工作服、绝缘劳保鞋、护目镜、绝缘头盔、绝缘手套)。 (2)车辆、台架、总成:荣威 Ei5 纯电动汽车或其他纯电动汽车一辆。 (3)专用工具、设备:拆装专用工具。 (4)手工工具:新能源汽车维修组合工具。 (5)辅助材料:高压电维修警示牌和设备、绝缘地胶、二氧化碳类型灭火器、清洁剂				
任务要求	本操作任务主要是完成对单体电池的拆卸与安装。 掌握单体电池拆卸及安装步骤				

📒 资讯

请阅读教材中的"相关知识"回答以下问题。

(1)电池的性能参数有哪些?

_____

_____

(2)常见单体电池的类型有哪些?

_____

_____

_____

📒 计划和决策

请根据任务要求,确定所需要的场地和物品,并对小组成员进行合理分工,制订详细的工作计划。

一、制订人员分工方案

小组编号:_____　　小组组长:_____

小组成员:_____　　你的任务:_____

二、检查场地与物品

检查并记录完成任务需要的场地、设备、工具及材料。

1. 场地

检查工作场地是否清洁及存在安全隐患,如不正常,请向教师汇报并及时处理。

记录:＿＿＿＿＿＿＿＿＿＿＿＿＿＿＿＿＿＿＿＿＿＿＿＿＿＿＿＿

2. 车辆、充电桩及其他

(1)车辆:＿＿＿＿＿＿＿＿＿＿＿＿＿＿＿＿＿＿＿＿＿＿＿＿＿

(2)充电桩:＿＿＿＿＿＿＿＿＿＿＿＿＿＿＿＿＿＿＿＿＿＿＿＿

(3)其他:＿＿＿＿＿＿＿＿＿＿＿＿＿＿＿＿＿＿＿＿＿＿＿＿＿

3. 防护装备、设备及工具

(1)防护装备:＿＿＿＿＿＿＿＿＿＿＿＿＿＿＿＿＿＿＿＿＿＿

(2)设备及工具:＿＿＿＿＿＿＿＿＿＿＿＿＿＿＿＿＿＿＿＿＿

4. 安全要求及注意事项

(1)实训车辆停在实训工位上,没有经过教师批准不可起动。经教师批准起动前,首先应检查车轮的安全挡块是否放好,驻车制动器操纵杆是否拉紧,变速杆是否放在 P 挡位置上,确认车前是否有人。

(2)禁止触碰任何带安全警示标识的部件。

(3)实训期间禁止嬉戏打闹。

三、制订工作方案

根据任务,小组进行讨论,确定工作方案(流程/工序),并记录。

＿＿＿＿＿＿＿＿＿＿＿＿＿＿＿＿＿＿＿＿＿＿＿＿＿＿＿＿＿＿＿＿

＿＿＿＿＿＿＿＿＿＿＿＿＿＿＿＿＿＿＿＿＿＿＿＿＿＿＿＿＿＿＿＿

＿＿＿＿＿＿＿＿＿＿＿＿＿＿＿＿＿＿＿＿＿＿＿＿＿＿＿＿＿＿＿＿

实施和检查

单体电池的拆装步骤

序号	内容	要求	完成情况
1	前期准备及检查	观察 LH-04048 电池包拆装实训台,掌握电池包整体结构及外部连接情况并记录	□完成 □部分完成 □未完成
2	拆卸步骤	(1)找到手动维修开关,解除开关上的锁止键,拔下高压维修开关。	

续上表

序号	内容	要求	完成情况
2	拆卸步骤	(2)断开电池包与外部连接的插头。 (3)拆下电池包罩盖螺栓并取下罩盖。 (4)拆下主负接触器与电池模组的连接导线及主负接触器。 (5)拆下主正接触器与电池模组的连接导线及主正接触器。 (6)拆下电池模组间的连接导线。 (7)拆下手动维修开关与电池模组间的连接导线。 (8)拆下电池包主熔断器的连接导线及主保险。 (9)拔下分采集控制模块和BMS控制单元插头,并拆下分采集控制模块和BMS控制单元。 (10)拆下四个电池模中单体电池间连接片并取下相关连接线束。 (11)拆下四个电池模固定钢带,取下单体电池并摆放至相应位置	□完成 □部分完成 □未完成
3	安装步骤	安装步骤与拆卸步骤相反	□完成 □部分完成 □未完成
4	车辆及场地清理	将车辆及场地清理干净,将工具及设备设施复原	□完成 □部分完成 □未完成

本操作任务主要是单体电池的拆装步骤。在学习理论知识基础上,使学生对单体电池的类型有一定认知。

评估

根据任务完成情况学生自我评分,教师或指定组长过程巡视/验收检查时,若发现问题直接扣分。

项目评估(分值)	自我评估	小组评估	教师评估
资讯(5)			
计划和决策(5)			
实施和检查(10)			
合计(20)			
总评			

教师签名:_____

任务3　单体电池的检测

学生姓名		班级		学号	
实训场地		学时		日期	
客户任务			一名客户购买的荣威 Ei5 纯电动轿车更换单体电池后,询问故障电池的故障原因,请你为客户介绍一下单体电池故障检测的基本知识		
工作准备			(1)防护装备:防护用品一套(工作服、绝缘劳保鞋、护目镜、绝缘头盔、绝缘手套)。 (2)车辆、台架、总成:荣威 Ei5 纯电动汽车或其他纯电动汽车一辆。 (3)专用工具、设备:拆装专用工具。 (4)手工工具:新能源汽车维修组合工具。 (5)辅助材料:高压电维修警示牌和设备、绝缘地胶、二氧化碳类型灭火器、清洁剂		
任务要求			本操作任务主要是完成单体电池的检测		

资讯

请阅读教材中的"相关知识"回答以下问题。

(1)单体电池的检测方法有哪些?

_____

_____

_____

(2)什么是电池的内阻?

_____

_____

_____

计划和决策

请根据任务要求,确定所需要的场地和物品,并对小组成员进行合理分工,制订详细的工作计划。

一、制订人员分工方案

小组编号:_____　　小组组长:_____

小组成员:_____　　你的任务:_____

二、检查场地与物品

检查并记录完成任务需要的场地、设备、工具及材料。

1. 场地

检查工作场地是否清洁及存在安全隐患，如不正常，请向教师汇报并及时处理。

记录：_____

2. 车辆、充电桩及其他

（1）车辆：_____

（2）充电桩：_____

（3）其他：_____

3. 防护装备、设备及工具

（1）防护装备：_____

（2）设备及工具：_____

4. 安全要求及注意事项

（1）实训车辆停在实训工位上，没有经过教师批准不可起动。经教师批准起动前，首先应检查车轮的安全挡块是否放好，驻车制动器操纵杆是否拉紧，变速杆是否放在 P 挡位置上，确认车前是否有人。

（2）禁止触碰任何带安全警示标识的部件。

（3）实训期间禁止嬉戏打闹。

三、制订工作方案

根据任务，小组进行讨论，确定工作方案（流程/工序），并记录。

_____

_____

_____

📓 实施和检查

单体电池的拆装步骤

序号	内容	要求	完成情况
1	选择测量工具	（1）选择安柏 AT528L 手持式交流低电阻测试仪。测试前，将仪器的测试线插入仪器插孔，然后按下电源开关键进行开机。 （2）按【Setup】设置键，再按侧边栏【短路清零】功能键，进行短路清零校准	□完成 □部分完成 □未完成

序号	内容	要求	完成情况
2	测试步骤	（1）按【Meas】测量键返回〈测量显示〉页，将红色测试夹稳固对接电池正极，黑色测试夹稳固对准电池负极，〈测量显示〉页即会突出显示测量结果，待数值稳定后即为最终测量结果。 （2）记录单体电池内阻和电压	□完成 □部分完成 □未完成
3	测量结果	被测电池内阻为：_____ 被测电池电压为：_____	□完成 □部分完成 □未完成
4	车辆及场地清理	将车辆及场地清理干净，将工具及设备设施复原	□完成 □部分完成 □未完成

本操作任务主要是单体电池的检测步骤。在学习理论知识基础上，使学生对单体电池的原理有一定认知。

📓 评估

根据任务完成情况学生自我评分，教师或指定组长过程巡视/验收检查时，若发现问题直接扣分。

项目评估（分值）	自我评估	小组评估	教师评估
资讯（5）			
计划和决策（5）			
实施和检查（10）			
合计（20）			
总评			

教师签名：_____

项目二　高压电池包的认知与拆装

任务 1　安全用具和检测仪器的认知

学生姓名		班级		学号	
实训场地		学时		日期	
客户任务	某荣威4S店接到一辆荣威 Ei5 故障车,车主反映起动车辆后仪表板蓄电池电量显示为0,无续驶里程显示,"READY"灯不亮,转向盘也无助力,初步判断为动力蓄电池系统故障,需要进行检修,你作为一名维修人员,请严格按照相关的作业标准,使用动力蓄电池相关检修仪器对该车的动力蓄电池系统进行检修				
工作准备	(1)防护装备:防护用品一套(工作服、绝缘劳保鞋、护目镜、绝缘头盔、绝缘手套)。 (2)车辆、台架、总成:荣威 Ei5 纯电动汽车或其他纯电动汽车一辆。 (3)专用工具、设备:拆装专用工具。 (4)手工工具:新能源汽车维修组合工具。 (5)辅助材料:高压电维修警示牌和设备、绝缘地胶、二氧化碳类型灭火器、清洁剂				
任务要求	本操作任务主要是完成对安全用具的认识。 掌握检测仪器的使用方法				

资讯

请阅读教材中的"相关知识"回答以下问题。

(1)常用的绝缘用具有哪些?

_____

_____

(2)绝缘电阻测试仪的用途有哪些?

_____

_____

(3)绝缘的概念及必要性是什么。

_____

_____

计划和决策

请根据任务要求,确定所需要的场地和物品,并对小组成员进行合理分工,制订详细的工作计划。

一、制订人员分工方案

小组编号:_____   小组组长:_____
小组成员:_____   你的任务:_____

二、检查场地与物品

检查并记录完成任务需要的场地、设备、工具及材料。

1.场地
检查工作场地是否清洁及存在安全隐患,如不正常,请向教师汇报并及时处理。
记录:_____
2.车辆、充电桩及其他
(1)车辆:_____
(2)充电桩:_____
(3)其他:_____
3.防护装备、设备及工具
(1)防护装备:_____
(2)设备及工具:_____
4.安全要求及注意事项
(1)实训车辆停在实训工位上,没有经过教师批准不可起动。经教师批准起动前,首先应检查车轮的安全挡块是否放好,驻车制动器操纵杆是否拉紧,变速杆是否放在 P 挡位置上,确认车前是否有人。
(2)禁止触碰任何带安全警示标识的部件。
(3)实训期间禁止嬉戏打闹。

三、制订工作方案

根据任务,小组进行讨论,确定工作方案(流程/工序),并记录。

_____

_____

_____

实施和检查

汽车故障诊断仪的使用步骤

序号	内容	要求	完成情况
1	起动车辆	(1)蓄电池电压是否正常。 □正常　　□异常 (2)观察仪表板系统故障指示灯是否点亮。 □是　　□否	□完成 □部分完成 □未完成
2	正确连接诊断仪与车辆并扫描故障	(1)＿＿＿＿＿＿＿＿ (2)＿＿＿＿＿＿＿＿ (3)＿＿＿＿＿＿＿＿ (4)＿＿＿＿＿＿＿＿	□完成 □部分完成 □未完成
3	读取各模块故障码	(1)＿＿＿＿＿＿＿＿ (2)＿＿＿＿＿＿＿＿ (3)＿＿＿＿＿＿＿＿ (4)＿＿＿＿＿＿＿＿	□完成 □部分完成 □未完成
4	查找故障并排除	(1)＿＿＿＿＿＿＿＿ (2)＿＿＿＿＿＿＿＿ (3)＿＿＿＿＿＿＿＿ (4)＿＿＿＿＿＿＿＿	□完成 □部分完成 □未完成
5	重新起动车辆并用诊断仪自动扫描故障	观察仪表板系统故障指示灯是否点亮。 □是　　□否	□完成 □部分完成 □未完成
6	车辆及场地清理	将车辆及场地清理干净,将工具及设备设施复原	□完成 □部分完成 □未完成

本操作任务主要是掌握对安全用具和检测仪器的认知。在学习理论知识基础上,使学生能正确地使用检测仪器并按相关标准进行检测。

评估

根据任务完成情况学生自我评分,教师或指定组长过程巡视/验收检查时,若发现问题直接扣分。

项目评估(分值)	自我评估	小组评估	教师评估
资讯(5)			
计划和决策(5)			
实施和检查(10)			
合计(20)			
总评			

教师签名:_____

任务2　高压电池包的认知

学生姓名		班级		学号	
实训场地		学时		日期	
客户任务	一名客户来到4S店想要购买一台荣威Ei5纯电动汽车,询问荣威Ei5高压电池包的相关参数,请你为客户介绍一下高压电池包的基本知识				
工作准备	(1)防护装备:防护用品一套(工作服、绝缘劳保鞋、护目镜、绝缘头盔、绝缘手套)。 (2)车辆、台架、总成:荣威Ei5纯电动汽车或其他纯电动汽车一辆。 (3)专用工具、设备:拆装专用工具。 (4)手工工具:新能源汽车维修组合工具。 (5)辅助材料:高压电维修警示牌和设备、绝缘地胶、二氧化碳类型灭火器、清洁剂				
任务要求	本操作任务主要是完成对高压电池包安装位置及结构的认知。 (1)高压电池包的安装位置认知。 (2)高压电池包的结构认知				

资讯

请阅读教材中的"相关知识"回答以下问题。

(1)高压电池包的安装位置在哪里?

_____

_____

(2)高压电池包的功用是什么?

_____

_____

(3)高压电池包的组成有哪些主要部分?

_____

_____

_____

计划和决策

请根据任务要求,确定所需要的场地和物品,并对小组成员进行合理分工,制订详细的工作计划。

一、制订人员分工方案

小组编号：_____　　小组组长：_____
小组成员：_____　　你的任务：_____

二、检查场地与物品

检查并记录完成任务需要的场地、设备、工具及材料。

1. 场地

检查工作场地是否清洁及存在安全隐患，如不正常，请向教师汇报并及时处理。

记录：_____

2. 车辆、充电桩及其他

（1）车辆：_____

（2）充电桩：_____

（3）其他：_____

3. 防护装备、设备及工具

（1）防护装备：_____

（2）设备及工具：_____

4. 安全要求及注意事项

（1）实训车辆停在实训工位上，没有经过教师批准不可起动。经教师批准起动前，首先应检查车轮的安全挡块是否放好，驻车制动器操纵杆是否拉紧，变速杆是否放在 P 挡位置上，确认车前是否有人。

（2）禁止触碰任何带安全警示标识的部件。

（3）实训期间禁止嬉戏打闹。

三、制订工作方案

根据任务，小组进行讨论，确定工作方案（流程／工序），并记录。

_____

_____

_____

实施和检查

1. LH-04048 电池包拆装实训台高压电池包的组成原件认知。

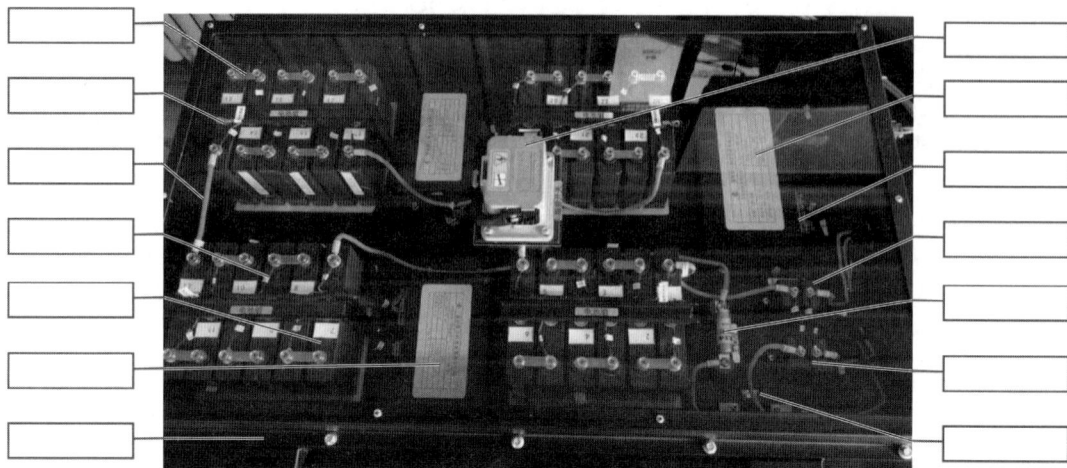

2. 说出各组成原件属于高压电池包的哪部分并填写工单。

LH-04048 电池包拆装实训台高压电池包组成部分认知

组成部分	零部件名称
动力电池模组	
电池管理系统	
动力电池箱	
辅助原件	

本操作任务主要是对高压电池包的结构认知。在学习理论知识基础上,使学生对高压电池包基本组成部分原理有一定认知。

评估

根据任务完成情况学生自我评分,教师或指定组长过程巡视/验收检查时,若发现问题直接扣分。

项目评估(分值)	自我评估	小组评估	教师评估
资讯(5)			
计划和决策(5)			
实施和检查(10)			
合计(20)			
总评			

教师签名:_____

任务3　高压电池包的拆卸

学生姓名		班级		学号	
实训场地		学时		日期	
客户任务		某荣威4S店接到一辆荣威Ei5故障车,故障是无法行驶。经检查,该车辆需要更换高压电池包。你知道如何安全、规范地进行高压电池包拆卸吗			
工作准备		(1)防护装备:防护用品一套(工作服、绝缘劳保鞋、护目镜、绝缘头盔、绝缘手套)。 (2)车辆、台架、总成:荣威Ei5纯电动汽车或其他纯电动汽车一辆。 (3)专用工具、设备:拆装专用工具。 (4)手工工具:新能源汽车维修组合工具。 (5)辅助材料:高压电维修警示牌和设备、绝缘地胶、二氧化碳类型灭火器、清洁剂			
任务要求		本操作任务主要是完成对高压电池包的拆卸。 能够完成高压电池包铭牌参数识别。 警告: (1)溢出的蒸汽或冷却液会造成诸如烫伤之类的伤害,所以当冷却系统还热时,不要打开膨胀箱盖。 (2)测量时需穿戴绝缘手套,并单手握两只万用表表笔。 (3)高压电池包拆装升降台在举升之后,禁止拖动			

📓 资讯

请阅读教材中的"相关知识"回答以下问题。

(1)拆卸高压电池包时,检修人员必须进行哪些准备?

_____

_____

(2)如果高压电池包的冷却系统为水冷式冷却系统,在拆卸高压电池包之前必须进行哪些操作?

_____

_____

(3)为防止资质不够者、客户、到访者等未经授权进入工位,以及无法确保高电压本质安全或出现不明状态时,应如何处理?

_____

_____

计划和决策

请根据任务要求,确定所需要的场地和物品,并对小组成员进行合理分工,制订详细的工作计划。

一、制订人员分工方案

小组编号:_____　小组组长:_____

小组成员:_____　你的任务:_____

二、检查场地与物品

检查并记录完成任务需要的场地、设备、工具及材料。

1. 场地

检查工作场地是否清洁及存在安全隐患,如不正常,请向教师汇报并及时处理。

记录:_____

2. 车辆、充电桩及其他

(1)车辆:_____

(2)充电桩:_____

(3)其他:_____

3. 防护装备、设备及工具

(1)防护装备:_____

(2)设备及工具:_____

4. 安全要求及注意事项

(1)实训车辆停在实训工位上,没有经过教师批准不可起动。经教师批准起动前,首先应检查车轮的安全挡块是否放好,驻车制动器操纵杆是否拉紧,变速杆是否放在 P 挡位置上,确认车前是否有人。

(2)禁止触碰任何带安全警示标识的部件。

(3)实训期间禁止嬉戏打闹。

三、制订工作方案

根据任务,小组进行讨论,确定工作方案(流程/工序),并记录。

_____

_____

_____

_____

实施和检查

高压电池包的拆卸步骤

序号	内容	要求	完成情况
1	前期准备	(1)打开发动机舱盖,铺设车外三件套。 (2)打开车门,铺设车内四件套,即转向盘套、变速杆套、座椅套和脚垫	□完成 □部分完成 □未完成
2	拆卸蓄电池	(1)拆下将前舱装饰盖固定到车身上的16个卡扣,取下前舱装饰盖。 (2)拆卸蓄电池负极前,必须确保点火开关处于关闭状态。 (3)必须等待5min后方可进行下一步操作。 (4)使用10号开口扳手卡住蓄电池负极桩头,将蓄电池传感器(EBS)固定。拆下将蓄电池负极电缆固定到蓄电池传感器上的1个螺母。 (5)将湿抹布覆盖在电池冷却膨胀壶盖上,拧开并取下壶盖	□完成 □部分完成 □未完成
3	使用举升机升起车辆完成底部电池包拆卸	(1)将举升臂对准车辆四个举升点并升起15cm后停止,检查车辆平衡,确认平衡良好后继续举升车辆至合适位置,最后锁止举升机。 (2)拆下将底部导流板前部固定到车身底部的3个螺栓和后部的3个小螺栓,并拆下将底部导流板固定到前轮罩衬板上的8个螺钉,取下底部导流板。 (3)松开卡扣,从高压电池包上拆下手动维修开关,放至安全位置,并将专用工具手动维修开关替代保护盖工具(TEL00052)安装到手动维修开关底座上。 (4)将合适的容器定位好以便于收集冷却液。松开卡簧,断开电池冷却器到高压电池包的连接,并排空冷却液。 (5)断开高压电池包上的2个高压线束连接器、低压线束连接器,并拆下将高压电池包搭铁线固定到车身上的1个螺栓。 (6)用万用表(直流电压挡,量程大于500V)测量高压电池包上高压连接器各端子间、端子与地之间,以及高压线束端高压连接器内的端子之间是否有高压电。如果电压为零,则可以继续拆解。 警告:测量时需穿戴绝缘手套,并单手握两只万用表表笔。 (7)拆下底部制动护板。拆下将左(右)侧底部制动护板固定到车身上的7个螺栓和2个螺母,取下两侧底部制动护板。	□完成 □部分完成 □未完成

序号	内容	要求	完成情况
3	使用举升机升起车辆完成底部电池包拆卸	（8）拆下将高压电池包固定到车身上的2个螺栓。将高压电池包拆装升降台放置于举升工位高压电池包下，调整升降台到合适的位置。缓慢升高升降台直至与高压电池包底部接触。拆下将高压电池包固定到车身上的18个螺栓。利用高压电池包拆装升降台缓慢降下高压电池包，并从举升工位移开。 警告：高压电池包拆装升降台在举升之后，禁止拖动	□完成 □部分完成 □未完成
4	清洁并记录	取抹布清洁电池组表面，然后取任务单记录电池组数据	□完成 □部分完成 □未完成

高压电池包铭牌数据

电池类型			
额定容量		标称电压	
额定能量		额定转速	

本操作任务主要是掌握高压电池包的拆卸顺序。在学习理论知识基础上，使学生对高压电池包的参数和结构进行认知。

评估

根据任务完成情况学生自我评分，教师或指定组长过程巡视/验收检查时，若发现问题直接扣分。

项目评估（分值）	自我评估	小组评估	教师评估
资讯（5）			
计划和决策（5）			
实施和检查（10）			
合计（20）			
总评			

教师签名：_____

任务4　高压电池包的安装

学生姓名		班级		学号	
实训场地		学时		日期	
客户任务					

<table>
<tr><td>客户任务</td><td colspan="5">某荣威4S店接到一辆荣威Ei5故障车,出现了高压电池包故障,拆下高压电池包检查后发现故障为动力蓄电池内部故障,需要更换整个高压电池包。你知道如何安全、规范地进行高压电池包安装吗</td></tr>
<tr><td>工作准备</td><td colspan="5">(1)防护装备:防护用品一套(工作服、绝缘劳保鞋、护目镜、绝缘头盔、绝缘手套)。
(2)车辆、台架、总成:荣威Ei5纯电动汽车或其他纯电动汽车一辆。
(3)专用工具、设备:拆装专用工具。
(4)手工工具:新能源汽车维修组合工具。
(5)辅助材料:高压电维修警示牌和设备、绝缘地胶、二氧化碳类型灭火器、清洁剂</td></tr>
<tr><td>任务要求</td><td colspan="5">本操作任务主要是完成对高压电池包的安装</td></tr>
</table>

资讯

请阅读教材中的"相关知识"回答以下问题。

(1)高压互锁电路的作用是什么?

_____

_____

(2)高压电池包的电气接口有哪些?

_____

_____

_____

计划和决策

请根据任务要求,确定所需要的场地和物品,并对小组成员进行合理分工,制订详细的工作计划。

一、制订人员分工方案

小组编号:_____　小组组长:_____

小组成员:_____　你的任务:_____

二、检查场地与物品

检查并记录完成任务需要的场地、设备、工具及材料。

1. 场地

检查工作场地是否清洁及存在安全隐患,如不正常,请向教师汇报并及时处理。

记录:_____

2. 车辆、充电桩及其他

(1)车辆:_____

(2)充电桩:_____

(3)其他:_____

3. 防护装备、设备及工具

(1)防护装备:_____

(2)设备及工具:_____

4. 安全要求及注意事项

(1)实训车辆停在实训工位上,没有经过教师批准不可起动。经教师批准起动前,首先应检查车轮的安全挡块是否放好,驻车制动器操纵杆是否拉紧,变速杆是否放在 P 挡位置上,确认车前是否有人。

(2)禁止触碰任何带安全警示标识的部件。

(3)实训期间禁止嬉戏打闹。

三、制订工作方案

根据任务,小组进行讨论,确定工作方案(流程/工序),并记录。

_____

_____

_____

实施和检查

高压电池包的安装步骤

序号	内容	要求	完成情况
1	检测绝缘性能	(1)检测高压母线绝缘性。 (2)用绝缘电阻测试仪测量电池组高压母线绝缘性,红表笔搭极柱,黑表笔搭外壳。将挡位调至 1000V,持续按住红表笔上的测试按钮,显示 11GΩ,远大于 500Ω/V,表示正常。 (3)检测高压电池包绝缘性。 (4)测量电池组绝缘性,注意,电池组插接件共有 3 个极柱,都需要进行测试。红表笔搭插接件极柱,黑表笔搭外壳,挡位仍保持在 1000V,持续按住红表笔上的测试按钮,显示 700MΩ,远大于 500Ω/V,表示正常	□完成 □部分完成 □未完成

序号	内容	要求	完成情况
2	检查高压电池包紧固螺栓	用手电筒检查电池组螺栓螺纹,检查螺栓配件是否齐全	□完成 □部分完成 □未完成
3	安装步骤	(1)在举升机上举升车辆。使用高压电池包升降台缓慢升起高压电池包,调整升降台位置使其处于高压电池包安装的合适位置。 警告:不能在只有千斤顶支撑的车辆下工作。必须把车辆支撑在安全的支撑物上。 (2)继续抬升高压电池包升降台,直至高压电池包的安装面与车身安装面接触。 警告:高压电池包升降台在举升之后,禁止拖动。 (3)将高压电池包固定到车身上,装上18个螺栓,拧紧到55~65N·m,并检查紧固力矩。 (4)降下高压电池包升降台,并从举升工位移走。将高压电池包固定到车身上,装上2个螺栓,拧紧到55~65N·m,并检查紧固力矩。 (5)安装底部制动护板。将左(右)侧底部制动护板固定到车身上,装上7个螺栓和2个螺母,螺栓拧紧至4~6N·m,螺母拧紧至4~6N·m,并检查紧固力矩。 (6)将高压电池包搭铁线固定到车身上,装上1个螺母,拧紧到7~10N·m,并检查紧固力矩。 (7)分别连接上高压电池包的2个高压线束连接器和1个低压线束连接器。 (8)连接上2个高压电池包冷却水管。 (9)取下手动维修开关替代保护盖工具(TEL00052),安装手动维修开关。 (10)装上底部导流板。装上将底部导流板固定到车身上的3个螺栓,拧紧到2.5~3.5N·m,并检查紧固力矩;装上将底部导流板与轮罩衬板固定的8个螺钉,拧紧到2.5~3.5N·m,并检查紧固力矩;装上底部导流板与前保险杠固定的3个螺栓,拧紧到4~6N·m,并检查紧固力矩。 (11)拉开举升机保险,按下下降按钮,使车辆缓慢下降至举升臂落到最低位置为止,移开举升臂。 (12)加注高压电池包冷却液,直到冷却液液位到达膨胀壶MIN至MAX之间并保持静止。 (13)连接蓄电池负极。连接诊断仪,在诊断仪显示屏界面中选中"新能源"功能,品牌选择"上汽荣威",车型选择"Ei5",选择"诊断"功能,选择"自动扫描",等待扫描完成后,点击"清除故障码",最后点击"确定"清除故障码。	□完成 □部分完成 □未完成

续上表

序号	内容	要求	完成情况
3	安装步骤	(14)诊断仪进入荣威 Ei5 车型的 BMS 模块,选择"动作测试",选择"高压电池组冷却泵控制",强制让冷却泵运转。如发现膨胀壶中冷却液未有下降,有可能水泵在空转。考虑用加压工具辅助,迫使冷却液流到冷却泵进水端。让冷却泵运转 5min 左右,检查高压电池包冷却液膨胀壶冷却液液位,如有下降,把冷却液位补充至 MIN 和 MAX 之间。 (15)装上并拧紧电池冷却液膨胀壶盖,检查冷却系统有无泄漏	□完成 □部分完成 □未完成
4	车辆及场地清理	将车辆及场地清理干净,将工具及设备设施复原	□完成 □部分完成 □未完成

本操作任务主要是掌握高压电池包的安装顺序。在学习理论知识基础上,使学生对高压电池包工作原理进行简单认知。

评估

根据任务完成情况学生自我评分,教师或指定组长过程巡视/验收检查时,若发现问题直接扣分。

项目评估(分值)	自我评估	小组评估	教师评估
资讯(5)			
计划和决策(5)			
实施和检查(10)			
合计(20)			
总评			

教师签名:_____

项目三　充电系统的认知与检测

任务1　充电系统的认知

学生姓名		班级		学号	
实训场地		学时		日期	
客户任务	李先生拥有一台纯电动荣威 Ei5 汽车,一天准备外出时检查了电量,发现他的汽车电量偏低需要充电,纯电动汽车的续驶里程是保证电动汽车稳定行驶的前提,备上一组备用电池也不可能,那么纯电动汽车是如何充电的呢				
工作准备	(1)防护装备:防护用品一套(工作服、绝缘劳保鞋、护目镜、绝缘头盔、绝缘手套)。 (2)车辆、台架、总成:荣威 Ei5 纯电动汽车或其他纯电动汽车一辆。 (3)专用工具、设备:拆装专用工具。 (4)手工工具:新能源汽车维修组合工具。 (5)辅助材料:高压电维修警示牌和设备、绝缘地胶、二氧化碳类型灭火器、清洁剂				
任务要求	本操作任务主要是完成对充电系统的认知				

资讯

请阅读教材中的"相关知识"回答以下问题。

(1)充电系统的组成部分有哪些?

_____

_____

(2)新能源汽车有哪些充电类型?

_____

_____

计划和决策

请根据任务要求,确定所需要的场地和物品,并对小组成员进行合理分工,制订详细的工作计划。

一、制订人员分工方案

小组编号：_____ 小组组长：_____
小组成员：_____ 你的任务：_____

二、检查场地与物品

检查并记录完成任务需要的场地、设备、工具及材料。

1. 场地
检查工作场地是否清洁及存在安全隐患，如不正常，请向教师汇报并及时处理。
记录：_____
2. 车辆、充电桩及其他
（1）车辆：_____
（2）充电桩：_____
（3）其他：_____
3. 防护装备、设备及工具
（1）防护装备：_____
（2）设备及工具：_____
4. 安全要求及注意事项
（1）实训车辆停在实训工位上，没有经过教师批准不可起动。经教师批准起动前，首先应检查车轮的安全挡块是否放好，驻车制动器操纵杆是否拉紧，变速杆是否放在 P 挡位置上，确认车前是否有人。
（2）禁止触碰任何带安全警示标识的部件。
（3）实训期间禁止嬉戏打闹。

三、制订工作方案

根据任务，小组进行讨论，确定工作方案（流程/工序），并记录。

_____
_____
_____

实施和检查

常规 220V 家用充电设备充电步骤

序号	内容	要求	完成情况
1	采用随车配备的便携式充电电缆及充电插头进行充电	(1)车载充电器。 (2)选择 16A 电源插头并检查插座及电缆是否损坏	□完成 □部分完成 □未完成
2	充电过程	(1)将充电插头与车辆连接。 (2)为高电压蓄电池充电时,充电插头和充电电缆可能会变热。如果过热,则应立即终止充电并让电气专业人员进行检查。 (3)不要用手指或物体接触插头触点区域。 (4)充电完成取下插座	□完成 □部分完成 □未完成
3	车辆及场地清理	将车辆及场地清理干净,将工具及设备设施复原	□完成 □部分完成 □未完成

公共充电桩充电步骤

序号	内容	要求	完成情况
1	LH-06010 立式交流充电桩	充电桩正常开机后,检测无故障	□完成 □部分完成 □未完成
2	充电过程	(1)插入充电枪。 (2)充电桩检测到充电枪已连接后,蓝色连接灯点亮。在此界面,用户可点击"上翻"及"下翻"按钮,选择所需充电模式,刷卡直接启动充电。 (3)此时充电灯点亮,充电过程中会显示电压、电流及电量等充电信息。此状态下,用户可通过刷卡结束充电。若充电已经停止,但用户并未进行刷卡结算,则充电桩切换到充电停止界面。 (4)如果充电桩发生故障,则切换到故障界面,且故障指示灯点亮。故障界面会显示故障信息。 (5)将充电桩的电源关闭,将电源线收回到充电桩的侧面挂钩上	□完成 □部分完成 □未完成
3	设备及场地清理	将车辆及场地清理干净,将工具及设备设施复原。清洁充电桩,并清扫充电桩周围的卫生,将工具清洗后归还到工具箱内的指定位置,将工具车清洁并放回到初始位置	□完成 □部分完成 □未完成

本操作任务主要是对充电系统的认知。在学习理论知识基础上,使学生对新能源车辆充电方式及如何充电有一定掌握。

评估

根据任务完成情况学生自我评分,教师或指定组长过程巡视/验收检查时,若发现问题直接扣分。

项目评估(分值)	自我评估	小组评估	教师评估
资讯(5)			
计划和决策(5)			
实施和检查(10)			
合计(20)			
总评			

教师签名:_____

任务2 充电系统的检测

学生姓名		班级		学号	
实训场地		学时		日期	
客户任务	荣威 Ei5 车主小王在早上上班时发现汽车只有30%的剩余电量,于是赶快将车驶到就近的充电站进行交流充电,结果发现充电枪无法插到位,小王重复操作了几次,均存在同样的问题,于是将车开往4S店进行维修。你作为一名维修工,协助技术主管按照规范程序,检修该车故障,修复完成后确认其工作状态正常				
工作准备	(1)防护装备:防护用品一套(工作服、绝缘劳保鞋、护目镜、绝缘头盔、绝缘手套)。 (2)车辆、台架、总成:荣威 Ei5 纯电动汽车或其他纯电动汽车一辆。 (3)专用工具、设备:拆装专用工具。 (4)手工工具:新能源汽车维修组合工具。 (5)辅助材料:高压电维修警示牌和设备、绝缘地胶、二氧化碳类型灭火器、清洁剂				
任务要求	本操作任务主要是完成充电系统的检测				

📔 资讯

请阅读教材中的"相关知识"回答以下问题。

(1)车载充电机的作用是什么?

_____

_____

(2)交流充电系统的组成有哪些?

_____

_____

_____

📔 计划和决策

请根据任务要求,确定所需要的场地和物品,并对小组成员进行合理分工,制订详细的工作计划。

一、制订人员分工方案

小组编号:_____ 小组组长:_____

小组成员:_____ 你的任务:_____

二、检查场地与物品

检查并记录完成任务需要的场地、设备、工具及材料。

1. 场地

检查工作场地是否清洁及存在安全隐患,如不正常,请向教师汇报并及时处理。

记录:_____

2. 车辆、充电桩及其他

(1)车辆:_____

(2)充电桩:_____

(3)其他:_____

3. 防护装备、设备及工具

(1)防护装备:_____

(2)设备及工具:_____

4. 安全要求及注意事项

(1)实训汽车停在实训工位上,没有经过教师批准不可起动。经教师批准起动前,首先应先检查车轮的安全挡块是否放好,驻车制动器操纵杆是否拉紧,变速杆是否放在 P 挡位置上,确认车前是否有人。

(2)禁止触碰任何带安全警示标识的部件。

(3)实训期间禁止嬉戏打闹。

三、制订工作方案

根据任务,小组进行讨论,确定工作方案(流程/工序),并记录。

_____

_____

_____

实施和检查

充电系统的检测步骤

序号	内容	要求	完成情况
1	检查充电枪	维修/更换充电枪后,确认充电枪能否插到位,若能插到位,则诊断结束;若仍不能插到位,则检查其他可能原因,是否有变形、卡滞,充电接口是否堵塞损坏等迹象。若没有以上迹象,则检查其他可能原因	□完成 □部分完成 □未完成

序号	内容	要求	完成情况
2	检查充电口	（1）检查充电口是否有变形、卡滞，充电口密封圈是否有问题，充电接口是否有堵塞损坏等迹象。若有此迹象，维修/更换充电口后，确认充电枪能否插到位，若能插到位，则诊断结束；若仍不能插到位，则检查其他可能原因。若没有以上迹象，则检查其他可能原因。 （2）检查慢速充电口是否在锁止状态。若在锁止状态，检查锁止机构是否正常释放。若能正常释放，进行插枪、锁止、解锁、拔枪操作，若能正常使用，诊断结束。若不能正常释放，则更换充电口，进行插枪、锁止、解锁、拔枪操作，能正常使用，则诊断结束，不能正常使用，则进行后续步骤。若不在锁止状态，则检查其他可能原因	□完成 □部分完成 □未完成
3	检查连接到慢速充电口的相关线路或连接器	（1）将点火开关置于"OFF"位置，断开蓄电池负极电缆。 （2）断开慢速充电口线束连接器BY121。 （3）连接蓄电池负极电缆。 （4）按下中控开关锁止、解锁，用万用表测量慢速充电口线束连接器端子之间的电压是否在规定范围内。 （5）若电压值正常，维修/更换连接到慢速充电口的相关线路。维修/更换完成后，再次检测充电锁电机释放能否正常工作，若恢复正常，则诊断结束；若仍不能工作，则检查其他可能原因。若电压值不正常，则检查其他可能原因	□完成 □部分完成 □未完成
4	检查充电枪锁继电器	（1）将点火开关置于"OFF"位置，断开蓄电池负极电缆，拆卸前舱熔断器盒内的继电器R12、R13。 （2）若电阻值不正常，更换继电器。更换完成后，再次充电枪锁继电器能否正常释放，若能正常释放，诊断结束；若不能正常释放，则继续检查其他可能原因。若电阻值正常，检查其他可能原因	□完成 □部分完成 □未完成
5	检查整车控制单元相关线束	（1）将点火开关置于"OFF"位置，断开蓄电池负极电缆。 （2）断开相应侧整车控制单元线束连接器EB079、前舱熔断器盒充电枪锁继电器R12、R13	□完成 □部分完成 □未完成

本操作任务主要是充电系统检测。在学习理论知识基础上，使学生对新能源车辆充电系统原理有一定掌握。

评估

根据任务完成情况学生自我评分，教师或指定组长过程巡视/验收检查时，若发现问题直接扣分。

项目评估(分值)	自我评估	小组评估	教师评估
资讯(5)			
计划和决策(5)			
实施和检查(10)			
合计(20)			
总评			

教师签名：＿＿＿＿＿＿

项目四　电池管理系统的认知与检测

任务1　电池管理系统的认知

学生姓名		班级		学号	
实训场地		学时		日期	
客户任务	一辆荣威 Ei5 纯电动汽车出现无法上电情况,仪表板"READY"灯不亮,提示电池系统存在故障,请检查高压控制系统。维修人员结合车辆的症状和行驶里程,建议车主对车辆的电源系统进行检修。如果将这一任务委派给你,你知道如何操作吗				
工作准备	(1)防护装备:防护用品(工作服、绝缘劳保鞋、护目镜、绝缘头盔、绝缘手套)。 (2)车辆、台架、总成:荣威 Ei5 纯电动汽车或其他纯电动汽车一辆。 (3)专用工具、设备:拆装专用工具。 (4)手工工具:新能源汽车维修组合工具。 (5)辅助材料:高压电维修警示牌和设备、绝缘地胶、二氧化碳类型灭火器、清洁剂				
任务要求	本操作任务主要是完成电池管理系统数据流的读取与分析				

资讯

请阅读教材中的"相关知识"回答以下问题。

(1)电池管理系统有哪些功能?

_____

_____

(2)电池管理系统数据流有哪些内容?

_____

_____

_____

计划和决策

请根据任务要求,确定所需要的场地和物品,并对小组成员进行合理分工,制订详细的工作计划。

一、制订人员分工方案

小组编号：_____　　小组组长：_____
小组成员：_____　　你的任务：_____

二、检查场地与物品

检查并记录完成任务需要的场地、设备、工具及材料。

1. 场地

检查工作场地是否清洁及存在安全隐患，如不正常，请向教师汇报并及时处理。

记录：_____

2. 车辆、充电桩及其他

(1)车辆：_____

(2)充电桩：_____

(3)其他：_____

3. 防护装备、设备及工具

(1)防护装备：_____

(2)设备及工具：_____

4. 安全要求及注意事项

(1)实训车辆停在实训工位上，没有经过教师批准不可起动。经教师批准起动前，首先应检查车轮的安全挡块是否放好，驻车制动器操纵杆是否拉紧，变速杆是否放在P挡位置上，确认车前是否有人。

(2)禁止触碰任何带安全警示标识的部件。

(3)实训期间禁止嬉戏打闹。

三、制订工作方案

根据任务，小组进行讨论，确定工作方案(流程/工序)，并记录。

_____

_____

_____

实施和检查

BMS 数据流的读取与分析

序号	内容	要求	完成情况
1	连接诊断仪	(1)关闭点火开关。 (2)连接诊断仪 OBD 接头。 (3)打开点火开关。 (4)开启诊断仪	□完成 □部分完成 □未完成
2	进入诊断系统	(1)点击"MaxiSys"软件。 (2)点击"诊断"图标。 (3)进入车辆诊断系统	□完成 □部分完成 □未完成
3	进入诊断程序	(1)选择车辆品牌。 (2)选择车型。 (3)进入对应车型诊断程序	□完成 □部分完成 □未完成
4	读取数据流	(1)点击"控制单元"。 (2)选择"BMS 电池管理模块"。 (3)选择"数据流"	□完成 □部分完成 □未完成
5	显示指定数据流	(1)选中指定项左侧的复选框。 (2)点击"显示选择项"。 (3)隐藏未选中的数据流	□完成 □部分完成 □未完成
6	恢复工位	(1)将车辆及场地清理干净。 (2)将工具及设备设施复原	□完成 □部分完成 □未完成

本操作任务主要是使学生在掌握电池管理系统理论知识基础上,对 BMS 的功能有一定认知,能够进行 BMS 数据流的读取与分析。

评估

根据任务完成情况学生自我评分,教师或指定组长过程巡视/验收检查时,若发现问题直接扣分。

项目评估(分值)	自我评估	小组评估	教师评估
资讯(5)			
计划和决策(5)			
实施和检查(10)			
合计(20)			
总评			

教师签名:_____

任务 2　电池管理系统的检测

学生姓名		班级		学号	
实训场地		学时		日期	
客户任务					

客户任务	一辆荣威 Ei5 纯电动汽车点火开关能正常打开,但车辆无法行驶,仪表显示"系统故障""低压蓄电池警告灯"点亮且"READY"灯不亮。维修人员结合车辆的症状和行驶里程,建议车主对车辆的电池管理系统进行检修。如果将这一任务派给你,你知道如何操作吗
工作准备	(1)防护装备:防护用品(工作服、绝缘劳保鞋、护目镜、绝缘头盔、绝缘手套)。 (2)车辆、台架、总成:荣威 Ei5 纯电动汽车或其他纯电动汽车一辆。 (3)专用工具、设备:拆装专用工具。 (4)手工工具:新能源汽车维修组合工具。 (5)辅助材料:高压电维修警示牌和设备、绝缘地胶、二氧化碳类型灭火器、清洁剂
任务要求	本操作任务主要是完成电池管理系统的故障诊断

资讯

请阅读教材中的"相关知识"回答以下问题。

(1)电池管理系统低压线束连接器的针脚定义是什么?

_____

_____

_____

(2)电池管理系统的故障等级怎么分类?

_____

_____

_____

计划和决策

请根据任务要求,确定所需要的场地和物品,并对小组成员进行合理分工,制订详细的工作计划。

一、制订人员分工方案

小组编号:_____　　小组组长:_____

小组成员:_____　　你的任务:_____

二、检查场地与物品

检查并记录完成任务需要的场地、设备、工具及材料。

1. 场地

检查工作场地是否清洁及存在安全隐患,如不正常,请向教师汇报并及时处理。

记录:＿＿＿＿＿＿＿＿＿＿＿＿＿＿＿＿＿＿＿＿＿＿＿＿＿＿＿

2. 车辆、充电桩及其他

(1)车辆:＿＿＿＿＿＿＿＿＿＿＿＿＿＿＿＿＿＿＿＿＿＿＿＿＿

(2)充电桩:＿＿＿＿＿＿＿＿＿＿＿＿＿＿＿＿＿＿＿＿＿＿＿＿

(3)其他:＿＿＿＿＿＿＿＿＿＿＿＿＿＿＿＿＿＿＿＿＿＿＿＿＿

3. 防护装备、设备及工具

(1)防护装备:＿＿＿＿＿＿＿＿＿＿＿＿＿＿＿＿＿＿＿＿＿＿＿

(2)设备及工具:＿＿＿＿＿＿＿＿＿＿＿＿＿＿＿＿＿＿＿＿＿＿

4. 安全要求及注意事项

(1)实训车辆停在实训工位上,没有经过教师批准不可起动。经教师批准起动前,首先应检查车轮的安全挡块是否放好,驻车制动器操纵杆是否拉紧,变速杆是否放在P挡位置上,确认车前是否有人。

(2)禁止触碰任何带安全警示标识的部件。

(3)实训期间禁止嬉戏打闹。

三、制订工作方案

根据任务,小组进行讨论,确定工作方案(流程/工序),并记录。

＿＿＿＿＿＿＿＿＿＿＿＿＿＿＿＿＿＿＿＿＿＿＿＿＿＿＿＿＿＿＿＿

＿＿＿＿＿＿＿＿＿＿＿＿＿＿＿＿＿＿＿＿＿＿＿＿＿＿＿＿＿＿＿＿

＿＿＿＿＿＿＿＿＿＿＿＿＿＿＿＿＿＿＿＿＿＿＿＿＿＿＿＿＿＿＿＿

实施和检查

电池管理系统的故障诊断

序号	内容	要求	完成情况
1	安全防护	(1)设置隔离带及警示牌。 (2)做好车内防护及翼子板防护	□完成 □部分完成 □未完成
2	确认故障现象	(1)确认故障现象。 (2)再次验证故障产生条件。 (3)争取故障再现	□完成 □部分完成 □未完成

序号	内容	要求	完成情况
3	读取故障码	(1)读取故障码。 (2)记录故障码	□完成 □部分完成 □未完成
4	清除故障码	(1)清除故障码。 (2)再次读取故障码。 (3)记录故障码	□完成 □部分完成 □未完成
5	故障诊断	(1)结合维修手册进行故障诊断。 (2)确定故障点位置。 (3)制定故障排除方案	□完成 □部分完成 □未完成
6	排除故障	(1)根据方案排除故障。 (2)验证故障是否排除	□完成 □部分完成 □未完成
7	恢复工位	(1)将车辆及场地清理干净。 (2)将工具及设备设施复原	□完成 □部分完成 □未完成

本操作任务主要是使学生在掌握电池管理系统理论知识基础上,对电池管理系统的诊断方法有一定认知,并能够进行电池管理系统的故障诊断。

评估

根据任务完成情况学生自我评分,教师或指定组长过程巡视/验收检查时,若发现问题直接扣分。

项目评估(分值)	自我评估	小组评估	教师评估
资讯(5)			
计划和决策(5)			
实施和检查(10)			
合计(20)			
总评			

教师签名:_____

参 考 文 献

[1] 吴晓刚,周美兰.电动汽车技术[M].北京:机械工业出版社,2018.

[2] 谭晓军.电动汽车智能电池管理系统技术[M].北京:机械工业出版社,2020.

[3] 高建平.新能源汽车概论[M].北京:机械工业出版社,2018.

[4] 郭峰.新能源汽车电池管理系统荷电状态估计研究[D].成都:西南交通大学,2020.

[5] 张辉明.新能源汽车用锂电池热管理系统研究[D].青岛:山东大学,2017.

[6] 王志福,彭连云,孙逢春,等.电动车用锂离子动力电池充放电特性[J].电池,2003(3):167-168.

[7] 尹政,张鹏波,杨永广,等.车用锂电池充电技术综述[J].内燃机与动力装置,2010(3):1-6.